JN021084

圧倒的な力で世界を切り拓く

大谷翔平の言葉

桑原晃弥

「誰もやったことがない」から挑戦する

２０２３年12月、大谷翔平がロサンゼルス・ドジャースへの移籍を決断しました。ＦＡ（フリーエージェント）の目玉としてすべての球団がその獲得を熱望していた大谷がドジャースを選んだのは、ある意味必然だったのかもしれません。

２０１０年４月、岩手県花巻東高校の練習試合を観ていた小島圭一（ドジャースの日本担当スカウト）は、１年生ながら四番・ライトで出場した大谷を見て、「嘘だろ！あり得ない。とんでもない選手が現れた」と驚きます。線が細く、まだ身体もできていませんでしたが、大谷は走攻守すべてにおいて「センス抜群」でした。

それ以来、小島は何十回と東北に足を運びますが、見れば見るほど投手・大谷にほれ込み、仮に高校卒業後、すぐにメジャー入りしたとすると、３年目にはメジャーリーガーとなり、サイ・ヤング賞を２、３回取るのではないか、とまで評価します。

大谷にとって小島は「もっと上に行けるんじゃないかと思ったきっかけをつくってくれた」人物であり、いつか「もっとよくなっている姿を見せたい」と思う人物でした。

ドジャースは、まだ無名だった大谷に、メジャーに挑む夢を見せてくれた球団でもあるのです。

２０２３年の大谷の活躍は素晴らしいものでした。44本の本塁打を放ち、日本人初の本塁打王に輝いたほか、投手としても10勝を上げ、ベーブ・ルースも成し遂げられなかった2年連続の「2桁勝利、2桁本塁打」を記録。アメリカンリーグのＭＶＰも受賞しています。

さらに印象的だったのが、日本が優勝した第5回ＷＢＣにおける活躍です。決勝戦最終回でマイク・トラウトを三振に打ち取ったシーンは、野球史に残る名場面として今後も長く語り継がれることになるでしょう。

大谷が地元の硬式野球チームに入団し、本格的に野球を始めたのは小学校2年生のときでした。社会人野球の選手だった父親と、同じく今も社会人野球で活躍する兄の影響です。同級生に比べると身体が細かった大谷少年でしたが、やがてボールをライト場外の川にまで飛ばしてしまうので、反対方向へ打つことを命じられるほどの怪物ぶりを発揮しています。投手としても、中学1年生でのリーグ最終年、6イニング制で行われた東北大会決勝では、17奪三振という驚きのピッチングを披露しました。

その後、大谷は地元の花巻東高校に進学します。

甲子園での優勝は経験できませんでしたが、その一方で、高校生として史上初の160キロを記録するなど、「誰もやったことがない」記録に挑戦し続けました。

そんな大谷だからこそ、プロ野球の世界で投打二刀流に挑戦することができたのでしょう。プロ野球OBの多くが批判するなか、大谷は、花巻東高校時代の恩師・佐々木洋に「(二刀流なんて)誰もやったことがないと言われてますけど、誰もやってないからこそ、やってるんですから」と語りました。

ほとんどの人にとって、「みんながやっている」は安心のキーワードです。

そして、「誰もやったことがない」は「やってはいけない」理由になるでしょう。

しかし、「誰もやったことがないからこそ、やってみよう」と考える大谷は、紛れもない開拓者《パイオニア》です。さらに、それを明るく楽しそうにやり、なおかつ圧倒的な数字で達成してしまうところに、大谷の何とも言えない魅力があります。

2023年11月、あるニュースが話題になりました。大谷が自身のインスタグラムを通じて、日本全国の小学校に野球のグローブ6万個を贈ると発表したのです。贈られたグローブでキャッチボールを始めた子どもたちの中から、いつの日か大谷とプレーする選手が現れるかもしれません。大谷が「野球しようぜ！」と呼びかけた子どもたちにとって、大谷の活躍は今後の励みになるでしょう。

本書で紹介している言葉は、子ども時代から今日まで、折にふれて大谷が口にしてきたものです。野球に関する言葉が中心ではありますが、「好きを貫く」うえで大切なことや、「高い目標を掲げて努力する」ときに大事なことが詰まっています。大谷の言葉や生き方から、読者のみなさんが生きる支えを見つけていただければ幸いです。

最後になりましたが、本書の執筆と出版には、リベラル社の伊藤光恵氏、仲野進氏にご尽力いただきました。感謝申し上げます。

桑原　晃弥

第一章　プロ入り前の大谷翔平が学んだこと

01 「とてつもなく楽しい」からこそ続けられる 16
02 他の誰とでもなく、「自分」と約束しよう 18
03 才能は生き方と努力で決まる 20
04 勝てなかった悔しさが成長の原動力になる 22
05 誰かを目指すな。その人を超えられなくなる 24
06 「誰もやっていないこと」を目指そう 26
07 「ちゃんとやっている人」の成功を願う 28
08 「できない」と決めつけないで「できる」と信じよう 30
09 「誰もやっていない」からこそやる意味がある 32
10 成功体験は積み重なって大きな力になる 34
11 目標ははるか上を目指してこそ達成できる 36

12 頂点に立つものは模範となる存在であれ 38
13 義務を果たすからこそ権利を行使できる 40
14 「みんなの力」を結集すれば必ず勝てる 42
15 優先するのは「楽しさ」より「正しさ」 44
16 「期待」のはるか上を目指す 46
17 自分の原点を忘れるな 48

第二章 目標を掲げて突き進む

18 限界を決めるな。人はどこまでも成長できる 52
19 前例がないからこそ自分で考える楽しさがある 54
20 自分の中に大きな達成感を残す 56
21 失敗からは成功以上に学ぶものがある 58

22 選んだ道を「最善」のものにする 60
23 目指すのは自分を成長させてくれる場所 62
24 まずは1を2とし、2を3にすることから 64
25 良いか悪いかは自分で決める 66
26 結果を「偶然」ではなく「必然」にする 68
27 チャンスは自らつかみ取るものだ 70
28 先人の功績を乗り越えていけ 72
29 勝つことに貪欲でありたい 74

第三章 二刀流の道を切り拓く

30 パイオニアには覚悟と責任が必要だ 78
31 支えてくれる人がいるからこそ頑張れる 80

32 個人の技術を磨いてチームを勝利に導く 82
33 あらゆる機会を通して学び続けよう 84
34 他人の評価に振り回されない 86
35 やりたいことができないときにその価値がわかる 88
36 一度掲げた目標をあきらめない 90
37 難しいからこそやりがいがある 92
38 可能性がある限り、挑戦し続けよう 94
39 人は経験の数だけ成長できる 96

第四章 進化しながら前進する

40 「やる」ではなく「やりきった」を目指す 100
41 現状維持ではなく変化を追い求めろ 102

42 あらゆる事態に備えよう 104
43 やればやるほど次の「できない」が見えてくる 106
44 大事じゃない1日なんてない 108
45 わかっていてもできないことがある。だから練習する 110
46 頭の中でイメージできればきっとできる 112
47 大切なのは「できること」をいかにうまくやるか 114
48 自分を楽にする習慣はとことん守り抜け 116
49 ギリギリの戦いが本当の力を引き出してくれる 118
50 気持ちの強さが勝敗を左右する 120
51 プレッシャーがあるからこそ成長できる 122
52 「まずやってみる」を大切にしよう 124
53 自分をアップデートしなければ生き残れない 126
54 コントロールできないことに悩まない 128

55 ひらめきは日々の練習の積み重ねから 130

第五章 逆境を乗り越える

56 悔しさこそが成長のバネになる 134
57 できないことを嘆くよりできることに全力を 136
58 どんなときでも課題に目を向けろ 138
59 言葉が持つ力を大切にしよう 140
60 「数」ではなく、「中身」を問い続けろ 142
61 ベストではないときにいかに「最善」を尽くせるか 144
62 逆境を経験することでさらに強くなれる 146

第六章　野球の未来を背負う

63 「あこがれる」から「あこがれられる」存在になれ 150
64 みんなの支えがあってこそ成長できる 152
65 ファンの気持ちに応えてこそ本当のプロである 154
66 みんなの「あこがれ」を自分たちでつくっていく 156
67 信頼があってこそ「エース」になれる 158
68 ルールは自らの活躍で変えていく 160
69 目先の数字よりもファンの期待に応えろ 162
70 みんなから「一番」と言われる存在でありたい 164
71 日本野球のプライドを示したい 166
72 子どもたちに野球の楽しさを伝えよう 168

第七章 「大谷翔平」という生き方

73 健康であることは幸せなこと 172
74 すべてを野球のために捧げたい 174
75 良いこともつらいことも「経験」と捉える 176
76 どんな相手でも気持ちは常に対等であれ 178
77 制約ある時間を一番大事なことに充てる 180
78 引き際は自分自身で決める 182
79 限界を超えるために日々の努力を怠るな 184
80 世界で戦うことは素晴らしい 186

LA
Dodg

WORDS OF SHOHEI OHTANI

第一章

プロ入り前の大谷翔平が学んだこと

WORDS OF SHOHEI OHTANI 01

「とてつもなく楽しい」からこそ続けられる

子どもの頃から、ずっとどちらもやりたかった。（中略）いいバッティングをしたい、いいピッチングをしたい。それをいつも望んできました。

▼『大谷翔平』

大谷翔平は子どもの頃からいろいろなスポーツに親しんできましたが、何より好きだったのが野球でした。「野球に関してはそれがとてつもなく楽しかったので、今まで続いているんでしょうね」と振り返っています。

さらに、岩手という環境の中で野球に出会えたことが良かったとも考えています。理由は「楽しくできたお陰で、一回も野球を嫌いになることはなかった」からです。

大谷は早くから投手としても、打者としても圧倒的な才能を発揮してきました。そのなかで自然と育まれたのが、「いいバッティングをしたい、いいピッチングをしたい」という思いです。

大谷が目指していたのは「ピッチャーなのにバッティングもできる」や「バッターもできるしピッチングもできる」ではなく、「ただ、どちらもやりたい」という思いでした。「ピッチャーに専念すればもっといいピッチャーになれるのに」と言われたときも、「僕が言えるのは、どうしてもいいバッターにもなりたいということだけですね」と答えています。

大谷にとって「二刀流」とは、それほど自然なことであり、子どもの頃から疑いなく進んできた道だったのです。

WORDS OF SHOHEI OHTANI 02

他の誰とでもなく、「自分」と約束しよう

自分で「これをやりたいな」と思うことには、
他人よりも頑張れる自信はあります。

▼『道ひらく、海わたる』

大谷翔平は誰よりもトレーニングに熱心に取り組むことで知られています。その際、大切にしているのは「やらされるメニュー」ではなく、「そのメニューがどんな成果に結びつくのかをしっかりと理解してやるトレーニング」。大谷は、後者の方がはるかに成果が上がるし、実際に自分はそうやってきたという自信を持っています。

大谷は両親の影響もあり、子どもの頃からバドミントンや水泳、野球といったスポーツに取り組んできましたが、「基本は自分の決断のもとで行動してきました」と言う通り、自分で「やりたい」と思ったものを続けてきました。やめるときもまた、自分で「もういいや」と決断しています。

人は、スポーツに限らず「自分でやる」と決めたことなら頑張れるものですが、大谷は早くから物事を自分自身で決めてきました。だからこそ、「自分で『これをやりたいな』と思うことには、他人よりも頑張れる自信はあります」と言い切っているのです。

大切なのは自分で納得し、自分で決めることでしょう。自分と約束した以上、言い訳もできないし、安易に逃げることはできないのです。

WORDS OF SHOHEI OHTANI 03

才能は生き方と努力で決まる

小さいときからずば抜けて成績を残してきたわけではないですし、最初からこの技術や身体があったわけではない。

▼『野球翔年Ⅰ』

誰もが現在の大谷翔平を「世界一の野球選手だ」と称賛しますが、プロになる前の大谷の経歴は、決して華やかなものではありませんでした。

大谷はリトルリーグの頃から広く知られた存在でしたが、日本一になったこともなければ、世界選手権にも出場していません。高校時代も二度甲子園に出場したものの、いずれも初戦で敗退。高校3年の夏にはU18世界野球選手権大会の日本代表に選ばれていますが、ここでも結果は6位に終わっています。

清原和博や桑田真澄、松坂大輔や田中将大のように、甲子園で大活躍したわけでもありませんし、荒木大輔のようにリトルの世界一を経験したわけでもありません。では、なぜ大谷は「今の大谷」になることができたのでしょうか。

大事なのは、どうなりたいかという目標設定と、それに向けた努力です。

そして、どれだけ成長するかは、日々のトレーニングによって変わります。

人は成功者を見るとき、「今の姿」だけに目を向けがちですが、大谷で見るべきは「驚くべき伸びしろ」をもたらした過程でしょう。才能は生まれたときに与えられるものだけでなく、「生き方」によっても決まるのです。

WORDS OF SHOHEI OHTANI 04

勝てなかった悔しさが成長の原動力になる

岩手県が強いところを甲子園で見せたい。

▼『大谷翔平　挑戦』

甲子園の長い歴史の中で、東北勢は実力がありながら、なかなか優勝することができませんでした。決勝まで進んでもあと一歩が届かず、「白河の関を越す」ことが東北勢の悲願となっていました。

しかし、その願いは2022年の仙台育英高校によって遂に達成されます。

岩手県の花巻東高校は菊池雄星を擁してセンバツで準優勝を果たしたものの、残念ながら優勝旗には手が届きませんでした。それだけに、菊池の後に入学してきた大谷の勝利に懸ける思いは並々ならぬものがありました。

大谷は2011年夏の甲子園に出場していますが、この年は東日本大震災があり、大谷の思いはより強くなりました。結局、ケガで投げられなくなった大谷は「岩手県が強いところを甲子園で見せたい。まだ万全ではないが、甲子園で投げたい」と言っています。

大会では、いつもの力を発揮できず1回戦で敗退。さらに翌年の県大会で大谷は160キロを記録しながらも決勝で敗れ、「岩手の方々に日本一を取って喜んでもらいたかったが、それができなくて悔しい」と声を詰まらせました。

勝てなかった悔しさが、大谷のその後の成長につながっていくのです。

WORDS OF SHOHEI OHTANI 05

誰かを目指すな。その人を超えられなくなる

こういうふうになりたいではなく、その人を超えるように頑張ってほしい。

▼『大谷翔平　挑戦』

大谷翔平が花巻東高校への進学を決めた理由の一つに菊池雄星の存在があります。大谷が中学3年生のときに花巻東は選抜で準優勝、夏の大会でもベスト4に進出しています。

原動力となったのはエースの菊池ですが、菊池たちの活躍によって岩手県中が熱狂し、みんなが一つになるのを目の当たりにした大谷は花巻東への進学を決意します。

菊地が卒業してすぐに大谷が入学したことで、同校野球部の佐々木洋《ひろし》監督は喜び、強い責任感を感じました。大谷には、「『誰かみたいになりたい』という考えでは、その人を上回ることはない。『超えたい』と思わなければダメなんだ」と話しています。

誰かにあこがれ、尊敬していたとしても、それがあまりに強すぎると模倣にとらわれてしまい、「ミニ○○」にしかなれません。尊敬はしつつも、「超えていく」という強い思いがあってこそ、人はあこがれの存在を凌駕《りょうが》できるのです。

大谷はメジャーリーグへ旅立つ前、札幌ドームでの会見で子どもたちへのメッセージを求められ「こういうふうになりたいではなく、その人を超えるように頑張ってほしい」と答えています。それは大谷自身が恩師に教えられ、守ってきたものでもありました。

WORDS OF SHOHEI OHTANI 06

「誰もやっていないこと」を目指そう

もし（菊池）雄星さんの世代がセンバツや甲子園で日本一になっていたら、僕は花巻東高校を選んでいなかったかもしれない。

▼『大谷翔平　挑戦』

大谷翔平は、進学先に花巻東高校を選んだ理由を聞かれて、練習環境などを見て、「ここでなら自分が成長できる」と感じたからだと語っています。

しかし、理由はそれだけではありません。

先に述べたように、中学3年生のときに同校が選抜で準優勝、夏の大会でもベスト4に進出するほどの活躍をしたからです。

かつての岩手代表は、甲子園で対戦が決まると相手校が喜ぶほど弱かった時期がありました。しかし、同校が「岩手から日本一」を掲げて快進撃を見せたことが、多くの野球少年たちを刺激し、彼らの入学動機へとつながっていくのです。

大谷も刺激を受けたのは事実ですが、「(菊池)雄星さんの世代がセンバツや甲子園で日本一になっていたら、僕は花巻東高校を選んでいなかったかもしれない」とも話しています。

大谷がやりたいのは「誰もやったことのないこと」です。もし花巻東高校が優勝していたら、佐々木朗希のように岩手県内の他校で優勝を目指したかもしれません。ただ、大谷抜きでも優勝できるほどの実力校は選ばなかったはずです。

大谷は「優勝確実なチームに属する」のではなく、「自分の力でチームを優勝させよう」と考えるのです。

WORDS OF SHOHEI OHTANI 07

「ちゃんとやっている人」の成功を願う

（野球の神様は）個人的に「いてほしい」と思いますよ。僕の願望ですけどね。

▼『道ひらく、海わたる』

日本ハム監督時代、大谷翔平を育てた栗山英樹監督は、「(大谷が)二刀流をやるか、やらないかは、『野球の神様』以外は決められない。決めてはいけないと僕は思っていた」と語っています。

また、大谷が学んだ花巻東高校の先輩・菊池雄星は、2009年、センバツ決勝に敗れたときに、こう言っています。

「日本一にはまだ早いと、野球の神様がくれた試練だと思う」

野球人にとって、「野球の神様」とは、最終的にベストな結論を用意してくれる、大いなる存在なのかもしれません。

では、大谷はどうでしょうか?

「いるか、いないかは別として、個人的に『いてほしい』と思いますよ。僕の願望ですけどね」と語っています。

大谷は、運を天に任せるのではなく、努力と強い意志で困難な道を切り拓いてきました。それだけに、「野球の神様」の存在はあまり身近ではなかったのかもしれません。けれども、存在を信じるのは、「(野球に限らず)ちゃんとやっている人にはちゃんとした成果が出てほしい」からなのです。

積み重ねた努力が実を結ぶように、神様にはそういう人を見ていてほしい。

それが大谷の切なる願いなのです。

WORDS OF SHOHEI OHTANI 08

「できない」と決めつけないで「できる」と信じよう

（好きな言葉は）「先入観は可能を不可能にする」という言葉です。自分で決めつけるのはイヤだし、できないと思ったら終わりだと思います。

▼『野球翔年Ⅰ』

大谷翔平の投打二刀流への挑戦は野球界の常識ではあり得ないことでした。

プロに入るほどの選手なら、学生時代に「エースで4番」はたくさんいますが、プロではどちらかを選ぶのが常識です。

それだけに、日本ハムと大谷が二刀流を選択したとき、野球界のＯＢや大御所たちは猛反対し、なかには「野球をなめている」とまで言う人もいました。

それでも大谷自身は「できないと決めつけるのは、自分的には嫌だった」と挑戦を決断します。

大谷は、花巻東高校時代、当時としては考えられなかった球速160キロを目標にしました。このときも「できないと思ったら終わりだ」と自分に言い聞かせながら練習に励むことで、高校3年生のときに見事に達成しています。この経験は、その後の大谷に大きな自信を与えました。

高校生の大谷を支えていたのは佐々木洋監督です。佐々木は「先入観は可能を不可能にする」が口癖でした。

最初から「できない」と思い込むと、本来は「できる」はずのことまでできなくなってしまう、とはよく言われることです。

大谷は、高校時代もプロに入ってからも「できない」という先入観を捨てることで不可能を可能にしてきたのです。

WORDS OF SHOHEI OHTANI 09

「誰もやっていない」からこそやる意味がある

他人と違うことをやったときにどういう結果になるのか。そんな自分自身に対する興味が、あの当時は大きかった。

▼『道ひらく、海わたる』

大谷翔平の大きな特徴の一つは、「他人と違うこと」「誰もやっていないこと」に挑戦する気持ちが強いことです。

日本ハムファイターズ時代、二刀流への挑戦を表明した大谷に対し、野球界のOBから批判の声があがったのは前述の通りです。

まだ若い大谷が激しい批判に参っているのではないかと、花巻東高校の佐々木監督が心配して電話をすると、返ってきたのは拍子抜けするような反応でした。

「誰もやったことがないと言われてますけど、誰もやってないからこそ、やってるんですから」

大谷は高校3年生のときに日本のプロ野球を経ることなく、メジャーリーグに挑戦したいと表明したことがありますが、そのときも大谷の頭にあったのは「他人と違うことをやったときにどういう結果になるのか。そんな自分自身に対する興味」だったといいます。

一般的に「誰もやっていないこと」「他人と違うこと」は不安をかき立て、挑戦をやめる理由にもなるでしょう。けれども、大谷にとっては「だからこそやってみたい」という意欲につながります。

その意欲を育てるのは、大谷の強い好奇心と旺盛なパイオニア精神なのです。

WORDS OF SHOHEI OHTANI 10

成功体験は積み重なって大きな力になる

（目標をクリアするという）一つの経験は、自分の中に積み重なっていくものだと思います。

▼『野球翔年Ｉ』

人が成長していくうえでは「成功体験」が欠かせません。大谷翔平にとってのそれは花巻東高校時代の「160キロ」への挑戦でした。

高校入学当初から、大谷は130キロ台中盤の球速を出していましたし、リーチの長さなどスピードボールを投げるための絶対条件を備えていました。

しかし、佐々木監督はすぐに大谷を投手にせず、ライトの守備をさせることで体力強化をさせています。

また、入学時に63キロだった大谷の体重をあと20キロ増やせれば、「160キロが出せる」ことを佐々木は確信します。

大谷自身も「スピード160キロ」を目標に定めました。当初、大谷は160キロを「無理な数字なんじゃないか」と思っていましたが、監督やトレーナーから「いける」と言われるうちに、「いつしか勝手にいけるのかなと、その気になった」と言います。そして3年生の夏、大谷は県大会の準決勝で遂に160キロを達成するのです。この経験はその後大谷に大きな影響を与えました。大谷は、目標をクリアしたときの喜びやワクワク感を今でも思い出すと言います。

目標を超える達成感を経験すれば、人は挑戦する力が湧《わ》いてくるのです。

WORDS OF SHOHEI OHTANI 11

目標ははるか上を目指してこそ達成できる

163キロを目指していたら160キロは出るだろうなという想定でいきました。

▼『道ひらく、海わたる』

「1位を目指して2、3位になることはあっても、3位を目指して1、2位になることはない」。これはバレーボール女子全日本チームに、ロンドンオリンピックで28年振りのメダルをもたらした真鍋正義監督の言葉です。目標を掲げるときには「ちょっと頑張れば手が届く」ものよりも、「はるか高み」を目指してこそ納得の成果が得られるのです。

大谷翔平は花巻東高校恒例の「目標設定シート」に「スピード160キロ」と書いていますが、別の用紙にはより速い「163キロ」と書き込んでいます。理由は「160キロを目指していたら、158キロぐらいで終わっちゃう可能性がある」からでした。160キロを出すためには、さらに速い163キロを目標に練習を積んでこそ可能になる、というのが15歳の大谷の思考でした。

これには監督の佐々木洋も驚きます。佐々木は経験から「10」を目指していたら「8」になることがあるように、結果が目標を下回ってしまうことがあるという事実を知っていました。

そのため、後日、大谷を呼んで「目標を163キロと書きなさい」と伝えますが、大谷は既にその数字を書き、ウェイトルームに貼っていたのでした。

WORDS OF SHOHEI OHTANI

12

頂点に立つものは模範となる存在であれ

真面目にやってきた人間が「てっぺん」にいくべきだと思っています。

▼『道ひらく、海わたる』

大谷翔平が花巻東高校時代に作成していた「目標達成シート」。その中央には「ドラフト18球団」と書かれていました。これ自体はいかにもプロ野球を目指す高校生らしいものですが、大谷はそのために何が必要かを考えます。

挙げられた要素の中には「体づくり」や「メンタル」だけでなく、意外にも「人間性」や「運」が書き込まれていました。

世の中にはスポーツや芸能などに秀でていれば人間性は関係ないと考える人もいますが、大谷はそのようには考えていなかったのです。

トップに立つ人間、成果を上げる人間は、模範となる人物、真面目にやってきた人間であるべきで、自分もそうありたいというのが大谷の考え方です。

だからこそ、大谷は今でもグラウンドを歩いているときにしゃがんでゴミを拾うことがあります。高校時代は、佐々木監督から言われた「球場の一番高いマウンドに立つ人間は、みんなが一番嫌がる仕事をしなさい」という教えを守り、寮のトイレ掃除も文句一つ言わずにやっていました。

表の努力だけでなく、裏の努力も惜しまない。大谷は常に「てっぺん」を目指すにふさわしい人間であろうとしているのです。

WORDS OF SHOHEI OHTANI 13

義務を果たすからこそ権利を行使できる

プロ野球選手としてやらなきゃいけないことをやる。だからこそ、自分にしかできないプレーをする権利が出てくる。

▼『野球翔年Ⅰ』

大谷翔平は花巻東高校で佐々木洋監督からさまざまな影響を受け、その教えをプロになってからも大切にしています。

佐々木が部員たちに教えている言葉の一つに「権利と義務」があります。

バッターは、ボールを打つと一塁まで走る「権利」を手にするが、同時に全力で走る「義務」も負うことになる――。

これが佐々木の教えでした。

同校の野球部には、大谷が在籍していた当時、100人超の選手が所属していました。甲子園でベンチに入れるのはスタメン9人を含む18人、それ以外の選手はスタンドで応援します。

バッターに権利と義務が生まれる理由は、ベンチに入れない選手に対して、バッターが全力で走ることによって初めてその思いを伝えられるからです。

大谷は「プロ野球選手としてもそこは大事」と考えています。

プロである以上、試合中はもちろん、練習や普段の生活でも、たくさんのファンに支えられている（見られている）という意識を持ち、やるべきことを全力でやる義務がある。そして、その義務を果たすからこそ「自分にしかできないプレーをする権利」が生まれる。それが大谷の考え方なのです。

WORDS OF SHOHEI OHTANI

14

「みんなの力」を結集すれば必ず勝てる

野球は一人じゃ勝てない。全員が絡み合い、出塁も走塁も一つのプレーに何人かが協力する。（中略）そこに自分の力を加えたい。

▼『大谷翔平　挑戦』

大谷翔平は2年生の夏と、3年生になる春に甲子園に出場しています。しかし、速い球を投げることはできても、勝てる投手にはなれませんでした。夏の大会前に、左太もも裏の付け根付近の肉離れで故障。1回戦で帝京高校と対戦したときも、4回途中から登板して150キロを記録したものの、足の痛みから立ち投げのような状態になり、敗れています。

当初の肉離れの診断は「骨端線損傷」とわかり、安静が必要となりました。

花巻東校はエースが登板できない危機に陥りますが、チームメイトが「翔平はこんなもんじゃない。もう一度甲子園に連れて行くぞ」を合言葉に結束します。

その結果、秋の東北大会でベスト4に入り、春のセンバツの出場を勝ち取ったのです。

当時、大谷の名は全国に知られ始めており、多くのマスコミが大谷目当てに取材に押しかけました。大谷はインタビューにチームメイトの名前を出しながら答えています。そこには、「野球は一人では勝てない」「全員が一つのプレーに協力するものだ」という強い思いが込められていました。

大谷にとって、野球はチームの力を結集して初めて勝てるものなのです。

WORDS OF SHOHEI OHTANI 15

優先するのは「楽しさ」より「正しさ」

何が正しいのかを考えて行動できる人がオトナだと思いますすし、（中略）制限をかけて行動することは大事なのかなと思っています。

▼『野球翔年Ⅰ』

野球選手というと、かつては夜遅くまで飲み歩くようなイメージがありましたが、大谷翔平は日本にいた頃からほとんど外食もせず、飲み歩くこともしませんでした。先輩に誘われれば、たまにはつきあいで軽く飲むことはあったようですが、せっかく時間をかけてトレーニングをしたにもかかわらず、それが1、2杯のお酒で台なしになることを警戒していたようです。

クリスマスなど世の中が浮かれているときも練習に励んでいたといいますから、大谷の厳格さは徹底しています。なぜそこまでストイックになれるのでしょうか？

花巻東高校時代、大谷は監督の佐々木洋から「楽しいより正しいで行動しなさい」と教えられています。

外食もお酒も遊びに行くことも楽しいことなのに、それらを我慢してきつい練習に取り組むのはしんどいでしょう。けれども、その際、大谷は「何が正しいか」という基準で選択をします。

成長するためには「何が正しいか」を自問して、楽しいことをやろうとする自分に制限をかける。それができるのが「オトナ」なのだ。大谷はそんなふうに考えているのです。

WORDS OF SHOHEI OHTANI 16

「期待」のはるか上を目指す

高校の頃から言われてきたのは、期待は応えるものじゃなくて〝超えるものだ〟ということ。監督が考える、そのもう1つ上を行けたらいいんじゃないかな。

▼『野球翔年Ⅰ』

日本ハム時代の大谷翔平は、監督の栗山英樹が「この試合に懸けている」と察して、監督の想像よりさらに上の結果を出すことが多かった選手です。

2016年7月、優勝を争うソフトバンクとの3連戦で栗山監督は大谷を「1番・ピッチャー」で起用します。相手投手へのプレッシャーを考えた判断でしたが、大谷はプレイボールからわずか5秒後にホームランを放ちます。

プロ野球史上初となるピッチャーによる初球先頭打者ホームランですが、それは栗山監督を含め、誰もが想像しなかったものであり、すべての観客に強い衝撃を与えました。この戦いを経て、シーズン後半を迎えた日本ハムは、勢いを維持したままリーグを制覇し、日本一を手にすることになったのです。

花巻東高校時代から、大谷は監督の佐々木洋から言われた「期待は応えるものじゃなくて超えるもの」という教えを大切にしてきました。もちろん実力を備えているからこそできることですが、「スターはみんなの期待に応える存在。スーパースターの条件はその期待を超えること」という長嶋茂雄の言葉通り、大谷にはスーパースターの条件が備わっているのです。

WORDS OF SHOHEI OHTANI 17

自分の原点を忘れるな

僕が新たな気持ちで（中略）17にしようかなと思っただけなので、特に意味があるということはない。

▼『大谷翔平　挑戦』

大谷翔平が日本ハム時代につけていた背番号は「11」です。それはダルビッシュ有が日本ハム時代につけていた背番号であるだけに、入団時からいかに大谷が期待されていたかがよくわかります。

しかし、エンゼルスでは「11」は永久欠番だったため、代わりに大谷が選んだのは「17」でした。

理由を聞かれた大谷は、「空いていたら『11』でもよかったんですけど、新たな気持ちというか。『11』は一応、一つの区切りとして自分の中では終わったのかなあ」と答えています。

ただ、選んだ「17」が花巻東高校でつけていたことのある背番号だったことから、関連を指摘する声もありました。

高校に入学したときの大谷の背番号は1年春が18で、1年夏が17、以後は1番です。同校で17は次世代のエース候補がつける番号で、菊池雄星も1年時には17をつけていました。そのため、佐々木洋監督は「大谷もこの番号をつけて成長がスタートしたことを忘れていないのだろうと思い、嬉しかった」と喜びを口にしています。大谷は17を「特に意味はない」と話していますが、心の片隅には、高校時代、背番号17をつけて鍛錬したことを意識していたのかもしれません。

WORDS OF
SHOHEI OHTANI

第二章

目標を掲げて突き進む

WORDS OF SHOHEI OHTANI 18

限界を決めるな。人はどこまでも成長できる

自分がどこまでできるかということに関しては、制限はいらない。

▼『野球翔年Ⅰ』

子どもから大人になるにつれ、人は自分の限界を知り、より現実的な選択をするようになります。それは「夢を捨てる」ことでもあるわけですが、大谷翔平は「安易に、自分はここまでしかできないのかなと、憶測だけで制限をかけてしまうのはムダなことだと思います」と言い切っています。

大谷が野球を始めたのは小学校2年生のときですが、以来、自信を持って「僕はプロ野球選手になるんだ」と言い続けていました。プロ野球選手にはなれないんじゃないかと思ったことは、一度もなかったといいます。

高校時代には球速160キロの目標を掲げて見事に達成し、プロ野球入団時には二刀流での挑戦を明言しました。

また、プロ2年目にはベーブ・ルース以来の「2桁勝利、2桁本塁打」を達成し、4年目にはチームを日本一に導いてMVPも獲得しています。そして念願のメジャーリーグでも新人王やMVPを獲得しました。

「『どこまでできるか』に関しては自分から制限をかけることはしない。どこまででもできることがあると信じれば、たいていのことは実現できる」

大谷は本気でそう信じているのです。

WORDS OF SHOHEI OHTANI

19

前例がないからこそ自分で考える楽しさがある

長身の投手という前例はあったりすると思うんですけど、僕のフィジカルでの前例は一つもない。

▼『別冊カドカワ　大谷翔平』

新しいことに挑戦するパイオニアの難しさは、前例がないだけに、何をどうすればいいのかを一から自分で考えていかなければならないことです。

　大谷翔平が「右投げ左打ち」なのは、野球を教えた父親が左打ちだったため、「はじめから指導しやすい左打ちにした」という単純な理由からでした。

　父親がそうであったように、監督やコーチは自分の経験や学んだことをベースに指導します。その点、大谷は素質的にも体格的にも日本人離れしたものがあり、かつ投打の二刀流ということで、指導者にとっては「どのように起用するか」は手探りでした。大谷自身も、前例のない道を歩む以上、自分で進む方向を見つけなければならなかったのです。

「教わる先輩もいないですし、自分で1個1個やるべきことを見つけて作っていかなければならない」と話しているように、大谷はトレーニングなども「無駄なことはないと思っています」という考えで、さまざまなものを試してきました。

　誰も歩んだことのない道を、自分で考えながら進んでいくという大谷の生き方は、周りから見たら大変なことのように映るかもしれません。しかし、その生き方を大谷は楽しんでいるのです。

WORDS OF SHOHEI OHTANI 20

自分の中に大きな達成感を残す

僕はここまで野球がうまくなったということを自分の中に残したいんです。

▼『野球翔年』

大谷翔平は「二刀流」ということで、しばしばベーブ・ルースと比べられることがあります。しかし、大谷自身は「ベーブ・ルースにたとえられるのは光栄なんですけれども、僕の中では神様と同じくらいの存在なので」と敬意を込めた、控えめな発言をしています。

もっともベーブ・ルースが早々に打者に専念し、偉大なホームランバッターになったのに対し、大谷は「走攻守、全方位でレベル１００」というあり得ない到達点を本気で目指そうとしています。

日本ハム時代、こう話しています。

「すべてにおいてレベル１００なんて、あり得ない。だからどこまでそこへ近づけるのかが一番の楽しみですし、現役のうちにできる野球の技術、すべてに取り組みたい」

大谷がこう考えるのには理由があります。「プロ野球選手にとって勝ち続けることは大事ですけど、それとは別に、自分の中に何かを残すことはそれ以上に大事なのかなと思っているんです」とは大谷の言葉ですが、果たしてそれが何なのかは大谷自身も「終わってみなければわからない」とも言っています。

それは、野球の極意か奥義のようなものなのかもしれません。

WORDS OF SHOHEI OHTANI 21

失敗からは成功以上に学ぶものがある

アメリカではどうやって失敗するんですか。

▼『野球翔年Ⅰ』

大谷翔平は当初、高校を卒業したら日本のプロ野球を経ずにアメリカに渡ることを考えていました。

しかし、日本ハムがドラフト1位で指名、「日本のプロ野球を経験してからでもメジャーで長くやれる」と説得され、入団を決めています。

交渉の最中、大谷に「アメリカではどんな理由で失敗することが多いのか」と尋ねられた栗山監督は、驚きつつも、「彼は野球選手として大丈夫な方向に進む」と確信します。理由は大谷が「成功した人には特別なものがある」が、「失敗する人には何か共通したものがあるのかな」と考えていたからです。

人には成功者の話に惹《ひ》かれる傾向があります。パナソニックの創業者・松下幸之助が「家康が僕の通りやったら失敗するだろう。僕も家康の通りやったら失敗する」と話したように、成功者には成功者特有の資質があり、その時代背景なども関係するだけに、案外マネがしづらいのです。

一方、失敗はその原因を知ることで回避することができます。

若くして成功ではなく、失敗から学ぼうとする大谷を見て、栗山は大谷の成長と成功を確信したのでした。

WORDS OF SHOHEI OHTANI 22

選んだ道を「最善」のものにする

自分が一番成長できる過程を踏みたいと思っています。野球をやめたときにそう思える自分でありたい。

▼『道ひらく、海わたる』

高校卒業後、大谷翔平がすぐにアメリカに渡ろうと考えたのは、誰もやったことのない挑戦であり、2、3年はマイナーで苦労したとしても、すぐに渡米した方が成長できると考えたからです。

しかし、日本のプロを経た方が「メジャーでしっかりと長くやれる選手になれる」という周囲の説得を受け、最終的に日本ハムに入団を決めました。こうした経緯があるだけに、大谷のエンゼルス入団会見では、「ファイターズを経て良かった点は」と質問され、こう答えています。

「それは結果論でしかない。あの時行っていればと考えたことはない。自分たちがやってきたことは決して遠回りではなかったとみんなが送り出してくれた。僕もそう思っている。ベストな選択をして、今ここに来ている」

大谷の関心は自分が野球選手としてどれだけ成長できるかです。そしてそのためには、どんな過程を歩めばいいのかを考え、選択をしています。

人生はやり直しがききません。だから、自分が選んだ道を「正解」にするためにベストを尽くしたい、というのも大谷の考え方です。人生では「選択」も重要ですが、同時に選択した道を「最善」にする努力も不可欠なのです。

WORDS OF SHOHEI OHTANI 23

目指すのは自分を成長させてくれる場所

「トップに上り詰めてから」というのは素敵だと思いますし、格好良いとも思います。でも僕は「今、行きたい」から行く。

▼『道ひらく、海わたる』

大谷翔平がメジャー移籍の際にエンゼルスと交わした条件は、契約金230万ドル、年俸は約54万ドル（メジャーリーグの最低年俸）。これは、野茂英雄を除けば日本からメジャーに移籍したスタープレーヤーとしては破格の安さです

当時、メジャーでは労使協定により25歳以下の海外選手（大谷は当時23歳）は契約金の上限が決められていました。そのため、これほどの安価な契約になったのですが、あと2年待てば、確実に数億ドルの大型契約が結べたのです。

にもかかわらず、大谷があえて最低年俸でメジャーリーグ移籍を選んだことが、

当時、大きな話題になりました。

もう一つ、大谷が変えたのがメジャー挑戦のタイミングです。それまでメジャーといえば、日本で確実にキャリアを積んで、「やり尽くした」選手が挑戦する場所でした。ところが、これから絶頂期へ向かう選手が挑戦したのです。本来なら、あと2、3年日本で活躍してからでもおかしくなかったでしょう。

しかし、大谷は「伸びしろ」を持った状態で渡米する道を選びました。大谷にとって、メジャーはお金でも名誉でもなく、自分を成長させてくれる「今、行きたい」場所だったのです。

WORDS OF SHOHEI OHTANI 24

まずは1を2とし、2を3にすることから

本当に一日一日の継続。そして一年が終わったときにそのシーズンを振り返って、また次のことを考えて進んでいく。

▼『道ひらく、海わたる』

大谷翔平の目標は「世界一の野球選手になる」ことです。残している数字は素晴らしいものですが、大谷自身は「3割、40本」といった目標を追うよりも、野球の技術をどこまで高めることができるか、野球人としてどれだけ成長できるかを大切にしています。

はるか高みを目指しているのはもちろんですが、大切にしているのは、むしろ「一日一日の継続」です。日本ハムに入団した当時、大谷の頭の中には「一年目はこう、二年目はこういうことができるように、三年目はこうだ」といったプランがあったといいますが、あくまで漠然としたもので、それほど鮮明なものではありませんでした。

むしろ目の前の1日1日を悔いのないように送り、1年が終わったときに次を考える。そんな5年間でした。

積み重ねを大切にする考え方は今も変わっていません。2023年のシーズン中、「健康でシーズンを終われれば。健康に一日、一試合をこなしていくのが目標」と話しています。

世の中にはやたら大きな目標を掲げようとする人がいますが、大谷は1日1日の進歩を目指し、1を2とし、2を3にすることによって、はるか高みにのぼれることを知っているのです。

WORDS OF SHOHEI OHTANI 25

良いか悪いかは自分で決める

自分が残した成績がいいのか悪いのかは、自分ではよくわからないんです。二つやるというところで僕の数字には過去のサンプルがありませんから。

▼『Number』1048

自分の「現在地」を見極めるには、誰かと比較することが一番の近道です。

大谷翔平は、日本ハム時代、自分のそれまでの成績を振り返り、「1年目は5勝2敗を予想していたので足りなくてショックだった」と話したことがあります。

実際には3勝無敗でしたが、「あと2勝」と話した大谷の脳裏には、恐らくダルビッシュ有の「1年目5勝5敗」という成績の存在があったのでしょう。

2022年のMVP争いで、大谷はニューヨーク・ヤンキースのアーロン・ジャッジに敗れますが、成績そのものは、投手として15勝9敗、防御率2・33、奪三振219、打者として打率273、本塁打34、打点95、盗塁11と圧倒的なものでした。

両者の差が生じたのは、これまで二刀流の選手がいなかったために比較できる数字がなかったから、また、ジャッジのホームラン数の方がわかりやすかったからかもしれません。大谷も認めているように「比べる相手がいないと、評価は難しい」のです。

もっとも、近年の大谷はずば抜けた活躍をしており、それはそれで素晴らしいことでしょう。大谷はパイオニアとして歴史を塗り替える存在であり、自らの数字をも超えていく存在なのです。

WORDS OF SHOHEI OHTANI 26

結果を「偶然」ではなく「必然」にする

僕は、今年の数字は最低限のものだと思っています。

▼『SHO-TIME』

２０２１年、大谷は投手として「９勝２敗、防御率３１８、奪三振１５６」、打者として「打率２５７、本塁打46本、打点１００」という華々しい成績を残し、ＭＶＰを獲得しています。その数字がどれほど素晴らしいものだったかは、シーズン終了後、ＭＬＢがコミッショナー特別賞を贈ったことからもわかります。

賞を贈るにあたり、コミッショナーのロブ・マンフレッドは「１シーズンでこれだけのことを成し遂げた選手が目の前にいるのに何もせずに見逃すのは大きな間違いだ」と説明しました。この年の大谷の活躍は、それほどの衝撃を与えたということでしょう。

驚くのは大谷自身が「僕は、今年の数字は最低限のものだと思っています」と「最高の数字」を「最低限」の基準値と考えていたことです。ある記者が「言い過ぎでは？」と聞くと、大谷は「一度できたことは、もう一度できるようにならないといけない」と答えました。その言葉通り、大谷は２０２２年、２０２３年とＭＶＰ級の活躍を続けています。

「たまたま達成できた」は運ですが、それを再現するためには実力が必要です。

大谷が目指したのは、偶然を必然に変える力でした。

WORDS OF SHOHEI OHTANI 27

チャンスは自らつかみ取るものだ

僕のことをもっと沢山起用して欲しいと思います。僕はもっと試合に出たい。

▼『SHO-TIME』

2021年以降の大谷翔平の活躍は目覚ましいものがありますが、一方で、二刀流としてほとんど休みなしに試合に出続けていることを心配する声もあります。

2023年夏、大谷はダブルヘッダーの第1試合を投手として1安打完封した後、1時間も経たないうちに第2試合で※DHとして2本のホームランを打ち、チームの連勝に貢献しました。

ところが翌日の試合では両足に痙攣《けいれん》を起こし、途中交代しています。さすがに「休んだら?」という声があがりました。

日本ハム時代とエンゼルスでの3年間、誰もが大谷の投打の才能を認めつつも、「どのように起用するか」について、チームは試行錯誤を繰り返しました。

ときには「過保護」と言われたこともありますが、どんなときも大谷自身は「もっと試合に出たい」という姿勢を崩しませんでした。その思いに応えるかのように、エンゼルスは「本人が望む限り試合に出して、野球をやらせる」という方針を決め、以後、大谷の成績は圧倒的なものとなります。

投げるたび、打席に立つたびに「新しいことを学べる」と考える大谷にとって、試合に出ることは、即ち自らを成長させることにつながっているのです。

※DH…攻撃時に投手の代わりに打席に立つ、攻撃専門の選手のこと。「Designated Hitter」の略。

WORDS OF SHOHEI OHTANI 28

先人の功績を乗り越えていけ

僕の前にも、多くの偉大な日本人選手がこちら（アメリカ）にやってきました。そのなかで僕が初めて達成できたというのは本当に嬉しいです。

▼『SHO-TIME』

2019年6月、大谷翔平は対タンパベイ・レイズ戦で※サイクル安打を達成しています。

これまで日本のプロ野球では71人、メジャーリーグでも298人しか達成したことのない難しい記録です。

大谷はメジャーリーグでは日本人として初めての達成者となりますが、2023年の前半戦だけで実に6回もサイクル安打に王手をかけています。

本来、サイクル安打で最も難しいのは三塁打だと言われています。

三塁打にするためには長打力だけでなく、走力も必要になるだけに、多くの場合、最後に三塁打が打てずに終わることも多いのですが、大谷は長打力も走力も備えているだけに、何度も王手をかけることができたのです。

日本人として初めてサイクル安打を達成した日、大谷は「日本人初」に関して、「今後の大きな自信につながっていくかなと思います」と喜びを表す一方、同僚にはサイクル安打以上に「もう一本ホームランを打ちたい」と大谷らしい言葉を口にしました。

2023年、大谷が日本人初の本塁打王を獲得できたのも、この貪欲さがあったからではないでしょうか。

※サイクル安打…1試合で1人の打者が単打、二塁打、三塁打、本塁打を1本以上打つこと。

WORDS OF SHOHEI OHTANI 29

勝つことに貪欲でありたい

自分がいいシーズンだったなと思えることが一番。
それを勝ちにつなげることが、もっといい一番。

▶『Number』1048

ＦＡで他球団に移籍する選手は、より良い条件を求めて動くケースがほとんどです。優勝経験がない選手であれば、「一度は優勝してみたい」という希望も移籍理由になるでしょう。

大谷翔平は日本ハムでは日本一を経験していますが、ロサンゼルス・エンゼルスに移籍してからは、優勝どころか優勝争いにさえ参加できませんでした。ＭＶＰを獲得するほどの活躍をした２０２１年も、チームは早々に優勝争いから脱落しました。

大谷はこう口にしています。

「もっと楽しい、ヒリヒリするような９月を過ごしたいですし、クラブハウスの中もそういう会話であふれるようになるのを願ってます」

大谷は２０２３年12月、ロサンゼルス・ドジャースへの移籍を発表しました。エンゼルスでは「ヒリヒリするような９月」を過ごすのが難しいと判断したのでしょう。エンゼルスはケガや不調でも二刀流への挑戦を後押ししてくれたチームですが、「世界一の野球選手」を目指す大谷にとっては、物足りなかったのかもしれません。

第５回ＷＢＣがそうであったように、「投げて、打って、走って、チームが勝つ」ことこそが大谷の理想なのです。

WORDS OF SHOHEI OHTANI

第三章

二刀流の道を切り拓く

WORDS OF SHOHEI OHTANI 30

パイオニアには覚悟と責任が必要だ

一人失敗したからといって終わりだとは思っていません。もちろん、一人目としてやるからには頑張りたいと思ってます。

▼『野球翔年Ⅰ』

「ファーストペンギン」という言葉があります。集団で行動するペンギンの群れの中から、天敵がいるかもしれない海の中へ、魚を求めて果敢に飛び込むペンギンのことです。ここから転じて、リスクを恐れることなく、初めての挑戦をするベンチャー精神を持つ人や企業を指す言葉ともなっています。

大谷翔平は日本のプロ野球界にとっては、紛れもなくファーストペンギンでした。プロ野球界のOBや評論家から「二刀流」についてさまざまな批判を浴びても、大谷は「両方やることが失敗だったとしても、自分にプラスになる」と前向きに考えていました。

批判されることで、逆に「やってやるんだ」という気持ちになりますし、失敗しても、この先、どちらもやりたいと思う子どもたちが出てきたとき、「僕の挑戦が1つのモデルとなって、それを成功につなげてくれればいい」と考えたのです。それだけにメジャーリーグが大谷にオファーを出すにあたって、二刀流を認めてくれたことは「嬉しかったし、2つやってきて良かったな」と話しています。

2023年MLBドラフトでいの一番に指名されたのは、大谷にあこがれて二刀流を志したポール・スキンズでした。

WORDS OF SHOHEI OHTANI 31

支えてくれる人がいるからこそ頑張れる

（二刀流を）続けていきたいという強い思いが生まれました。自分のためだけでなく、支えてくれる皆さんのためにも。

▼『大谷翔平』

今でこそ「大谷翔平＝二刀流」はすっかり定着していますが、プロの世界で認められるまでは険しい道のりでした、「ドラフト前から、日本のプロ野球チームで二刀流をやらせてもらえるとは思っていませんでした。だからきっと、メジャーリーグではもっと難しいんじゃないかと思っていました」と大谷自身が話しています。

ところがドラフトで1位指名した日本ハムファイターズの「投手と打者の二つをやってみないか」という驚きの提案によって、大谷はプロに入っても二刀流を続けることができました。以来、大谷の

並外れた努力に加え、日本ハムの監督やスタッフのさまざまなバックアップもあり、二刀流は見事に花開きます。

大谷は入団4年目には「2桁勝利、2桁本塁打」を記録。投手とDHの両方でベストナインに選ばれ、パ・リーグのMVPを獲得したことで、チームを日本一へと導いています。

大谷はこうした支援に感謝しつつ、「だからこそ、これ（二刀流）を続けていきたいという強い思いが生まれました」と話しています。「二刀流は自分だけのものではない」という使命感も、大谷の活躍を促す要素になっているのです。

WORDS OF SHOHEI OHTANI 32

個人の技術を磨いてチームを勝利に導く

それよりも、勝たないといけない。チームが勝つことによって、僕が二つをやることの有用性を示せるのかなと思う。

▼『Number』1040

栗山英樹は、日本ハム時代に大谷に二刀流をやらせてみたいと思った理由について、「ドラフト1位を二人獲ったようなものだよね。ピッチャーの大谷とバッターの大谷」と話しており、早くから大谷の才能を高く評価していました。

大谷を二刀流として育てることはエースと四番を同時に育てることを意味します。そんな選手がいれば、チームが強くならないはずがない。これが栗山の考え方でした。

そして、大谷自身、二刀流をやる意味は、自分の成長だけでなくチームを勝たせることにあると考えていました。

2015年、大谷は投手として15勝をあげ、パ・リーグの※CSに臨みますが、戦いを前にして、「日本一、なってみたいですねぇ。日本一になってみたい」と勝利への強い思いを口にしています。

この年は残念ながら勝つことはできませんでしたが、翌年、投手として10勝を挙げ、打者としても22本の本塁打を打ち、チームを日本一へと導きます。

勝つにはチーム全員の力が必要ですが、それでも個人が「勝ち」に貪欲になることが重要でしょう。だからこそ、「僕が二つをやる意味がある」と、大谷は考えているのです。

※CS…プロ野球で日本シリーズへの出場権を懸けて争われる試合。
セ・パ両リーグのレギュラーシーズンで上位3チームによって行われる。

WORDS OF SHOHEI OHTANI 33

あらゆる機会を通して学び続けよう

両方をやっていない人よりは、やっている立場でわかることはたくさんある。

▼『道ひらく、海わたる』

大谷翔平の二刀流に関しては、「打者に専念したらもっと打てる」「投手に専念すればもっと勝てるはずだ」と、どちらか一方について議論されることはよくありますが、「両方をやっているメリット」について議論されることはあまりありません。

両方をやるメリットについて大谷は、たとえばピッチャーをやっているとき、自分がバッターなら、「このシチュエーションではこういうふうに思う」「バッティングカウントがこうなったときはこんなふうに打とうと考える」という予測が働くと言います。その意味では、どちらか一方しかやっていない人に比べ、自分にはわかることがたくさんあると大谷は考えるのです。

その点は、日本ハム時代のチームメイトだった稲葉篤紀も「彼だけにしか見えない風景」と評価しています。

また、ピッチャーとしていいバッターと対峙しているときには、その選手の打ち方などが参考になることがあり、自分の技術の向上につながる、とも話しています。

大谷にとって二刀流は、他の選手では得られない学びと成長を与えてくれるものなのです。

WORDS OF SHOHEI OHTANI 34

他人の評価に振り回されない

自分を疑っている人に対して、間違っていただろうとかそういうふうに思うことはないです。

▼『SHO-TIME』

大谷翔平が実践した投打二刀流について、日本で完全に「疑いが晴れた」のは、2016年、MVPを獲得し、チームを日本一に導いたときだと考えられます。

一方、メジャーリーグでも同じようにその実力が認められたのは、2021年に46本のホームランを打ち、投手としても9勝を挙げ、156個もの三振を奪ったときでしょう。この年、大谷はやはりMVPを獲得し、コミッショナー特別表彰やMLB選手会による年間最優秀選手賞も獲得しています。

大谷は前2年の期待外れの数字により「二刀流としてやっていけるのか」という疑念を持たれ始めていましたが、2021年と以後の活躍から、もはやその才能を疑う人はいなくなりました。

自分に向けられていた疑いの目を圧倒的な実力によってねじ伏せたのです。

しかし、大谷自身は、実力を疑っていた人に対して、「間違っていただろうとかそういうふうに思うことはないです」と答え、謙虚であり続けています。

それは、大谷が誰かを見返すために野球をやっているわけではないことの証拠だと言えるでしょう。

大谷が見ているのは、世間の評価よりも、さらに高い場所なのです。

WORDS OF SHOHEI OHTANI 35

やりたいことができないときにその価値がわかる

（リハビリでピッチングができないと）何かが抜けている感じがします。マウンドに行かないと、シーズンをやっている感覚が弱いような気がするんです。

▼『Number』980

大谷翔平にとって投打二刀流はとても楽しいもののようです。こう話しています。

「ピッチングをやってバッティングをしていれば、楽しい瞬間はいっぱいあるんです。そういう瞬間が訪れるたびに、僕は投打両方をやっていて『よかったなあ』と思う」

　しかし、2018年のシーズン終了と同時に、大谷は※トミー・ジョン手術を受けました。そのため、打つ方は数カ月のリハビリで再開できたものの、2019年は投げる方を休止することになりました。

　二刀流が当たり前だった大谷にとって、この年は初めての「当たり前ではない」シーズンとなったのです。気持ち的には納得していても、投げなかったことで「戦っている感じにはならなかった」と振り返っています。そして何より「やっぱりマウンドは特別なもの」だと感じたのでした。大谷によると、マウンドに立つには入念な準備が必要で、1試合に投げることは、打席に立つこととはまた違う感覚があるようです。それだけに、試合で投げられないと、自分の中で何かが欠落した感覚になるのでしょう。

　投打二刀流で試合に出続けるのは大変ですが、大谷にとってはその大変さも含めて「当たり前」のものなのです。

※トミー・ジョン手術…傷ついたひじの靭帯を取り除いて、別の場所から腱《けん》を移植する手術のこと。

WORDS OF SHOHEI OHTANI 36

一度掲げた目標をあきらめない

僕は、今も投げる準備をしています。それが今の計画ですから。

▼『SHO-TIME』

大谷翔平は２０１８年のシーズンオフと、２０２３年のシーズン終盤の二度、右ひじの手術をしています。しかし、置かれた立場はそれぞれまったく異なるものでした。

　２０１８年は二刀流としての評価が十分に確立しておらず、その後の2年間、「二刀流をあきらめるべきではないか」という声が多くあがっていたのです。

　一方、２０２３年には、もはや二刀流を否定する人はおらず、復活を期待する声が多く聞かれました。

　それゆえ、２０１９年と２０２０年は大谷にとって厳しい時期でした。２０１９年は投手として活躍できず、２０２０年も新型コロナの影響で試合数が激減。わずか2試合に登板しただけでした。

　この時期、エンゼルスは大谷に外野や一塁手の練習もさせていますが、そこには投手として登板できなくなったときに守備をこなせるのかどうかを見極める意図があったとも見られています。

　一方、大谷自身は二刀流をあきらめるつもりはありませんでした。思うように投げられなくとも、「僕は、今も投げる準備をしています。それが今の計画ですから」と準備を欠かしませんでした。

　逆境にあっても、刀を研《と》ぐことを忘れない。それが大谷翔平の流儀なのです。

WORDS OF SHOHEI OHTANI 37

難しいからこそやりがいがある

感じているのは、両方やるから難しいのではなく、どちらも難しいんだということです。

▼『野球翔年Ⅰ』

大谷翔平は2021年以降、投手としても打者としても素晴らしい成績を上げています。しかし、それでも投手として勝ち星を稼げないと、「打者に専念すればもっとすごい成績を上げられるのに」といった声が出ることがあります。

この「どちらかに専念すれば……」は、大谷にずっとつきまとってきました。

これに対し、大谷自身は「両方やるから難しいのではなく、どちらも難しい」と答えています。

大谷によると、プロはピッチャーも野手もレベルが高いため、どちらかに絞ったからといって、もっと良い成績を残せたのかと言われれば、「僕はそうは思いません」と明言しています。

大谷自身は、成績を上げるには投打それぞれの「技量」を上げることが不可欠で、それができない限りは二刀流で達成している以上の成績を上げることはできないと考えていました。

「自分の中ではピッチャーとバッターを競わせてません」と考える大谷にとって、どちらかに絞るという選択肢はないのでしょう。

大谷が追求するのは、難しいから「どちらか」に絞るのではなく、難しくても「どちらもやる」なのです。

WORDS OF SHOHEI OHTANI 38

可能性がある限り、挑戦し続けよう

投げて、打って、走って、その結果、プレーオフに行ってみたいなという気持ちが一番です。

▼『Number』1048

2023年9月、大谷翔平は右ひじの手術を受け、無事成功しています。それを発表した大谷の代理人ネズ・バレロの声明は次のようなものでした。

「今後を見すえて最終的な判断と術式を決めた。翔平はこの先、何年にもわたって二刀流を続けることを希望した」

大谷が手術をすることになった靭帯《じんたい》の損傷に関しては、WBCに合わせるために早くから調整をしたのだ、あるいは前例のない二刀流への挑戦が身体に大きな負荷をかけたのだと言う人もいます。

また、後者の意見を受けて、いっそ打者に専念すればいいのではないか、という声があるのも確かです。

しかし、バレロの声明にある通り。大谷自身は、「投げて、打って、走って、その結果、プレーオフに行ってみたいなという気持ちが一番です」という気持ちを持ち続けていることがわかります。

二刀流の難しさや、身体への負荷の大きさは、大谷自身が誰よりも理解しているはずです。

それでも「投げて、打って、走って」を続けたいし、「優勝したい」という、野球少年のような強い思いがあるのでしょう。そして、それこそが大谷を突き動かす強い原動力となっているのです。

WORDS OF SHOHEI OHTANI 39

人は経験の数だけ成長できる

僕は、投げ続ける必要があるんです。毎回、投げるたびに何か新しいことを学べますし、力も上がっているんです。

▶『SHO-TIME』

大谷翔平について、多くの人が危惧するのが、二刀流という負担の大きなスタイルをとりながら、ほとんど試合を休むことなく出場し続けることのリスクです。

2020年までの大谷はひじの手術の影響もあり、二刀流としてフル出場することはありませんでした。けれども、MVPを獲得した2021年以降はほとんど休みなしに出場しています。

2023年8月に右ひじの靭帯損傷が発表されてからは、右わき腹の痛みもあり、シーズンを早めに終了しましたが、それまではダブルヘッダーの第一試合に投手として投げ、第二試合に打者としてホームランを打つといった離れ業を見せています。傍目には「もっと休めばいいのに」と思えますが、そこには大谷自身の「まだ行けるし、続けたい」という意思が強く反映されているようです。

エンゼルスというチームも寛大でした。「本人が望む限り試合に出して、野球をやらせる」という姿勢を貫いてきたのです。

投げるたびに力が上がるし、打席に立つたびにうまくなる――。

そう考える大谷にとって「休む」という選択肢をとる可能性は、普通の選手に比べてはるかに小さいものなのかもしれません。

WORDS OF SHOHEI OHTANI

第四章

進化しながら前進する

WORDS OF SHOHEI OHTANI 40

「やる」ではなく「やり切った」を目指す

僕は今まで、結果を出すためにやり尽くしたと言える一日一日を、誰よりも大事に過ごしてきた。

▼『野球翔年Ⅰ』

「努力は必ず報われる。もし報われない努力があるのなら、それはまだ努力とは呼べない」は王貞治の言葉です。

成功には努力が欠かせないことは誰もが知っていますが、多くの人はそこそこの努力で「もう十分だ」と納得してしまいます。しかし、成果が出るまでやり尽くして、初めて本当の努力と呼べるのではないでしょうか。

大谷翔平の二刀流への挑戦を提案し支え続けたのは、日本ハムファイターズの栗山英樹監督でした。栗山が「大谷ならできる」と思えた理由の一つは、大谷が幼少期から実践してきた「自分で決めたことは最後までやり続ける強さと忍耐力」だったといいます。

大谷は高校時代もプロに入ってからも、「こうするんだ」と本気になったら、できるまで必ず「やり切る」ことを実行してきました。だからこそ栗山は大谷に二刀流ができると信じたのです。

「やる」ことはできても、最後まで「やり切る」ことができる人は、そう多くないでしょう。ましてや、大谷のように何年にもわたって「やり続ける」ことのできる人はほとんどいません。

大谷の「やり切る」力こそがメジャーリーグでの成功を可能にしたのです。

WORDS OF SHOHEI OHTANI 41

現状維持ではなく変化を追い求めろ

すごくいい状態のときでも、それを維持していこうというよりも、それを超える技術をもう一つ試してみようかなと思う。

▼『道ひらく、海わたる』

ビジネスの世界に「イノベーションのジレンマ」という言い方があります。優れた製品によって大成功を収めた企業が、その成功に縛られて変わることができず、凋落《ちょうらく》していくことです。過去の成功体験が強烈なほど、失敗を恐れてしまい、変わることは難しくなるでしょう。

一方、現状に安住することなく変化を求め続けるのが大谷です。

大谷は自分の才能を「伸び幅」や「伸びしろ」と考えていますが、それを可能にしているのが「現状を守りにいかない」性格です。

大谷自身も「すごくいい状態のときでも、それを維持していこうというよりも、それを超える技術をもう一つ試してみようかなと思う」と話しています。新しいことにどんどん挑戦し、その結果が良くても悪くても、恐れることなく変えていく。そんな自分の姿勢を「良いところ」「得なところ」と評価しています。

日本ハム時代、2年目の大谷は10勝目を挙げたソフトバンク戦で、相手の先発ピッチャーだったスタンリッジの投げ方を見て、「そっちの方がいいかな」とマネをします。普通はあり得ないことですが、その観察眼や好奇心が大谷の成長を後押ししているのです。

WORDS OF SHOHEI OHTANI 42

あらゆる事態に備えよう

いつかヒットを打たれたとき、こんなもんだろうと思えるだけの心の準備はしていました。

▼『野球翔年Ⅰ』

4階級制覇を成し遂げ、世界戦20連勝を達成したボクシング界のモンスター・井上尚弥は「いろんな状況を想定して練習する」ことを大切にしています。その中には、自分が「ダウンしたとき、カウント8までしっかり聞いてギリギリで立つ」というイメージトレーニングも含まれています。ボクサーは実際にダウンをすればかなり焦るだけに、そうならないために事前のイメージが欠かせないというのです。

大谷翔平は2015年のWBCプレミア12準決勝での対韓国戦で先発します。6回までノーヒットノーランに抑える快投を見せますが、7回に先頭打者にヒットを打たれてノーヒットノーランは消えてしまいます。しかし、7回を投げて被安打1、11個の三振を奪って無失点に抑えました。

プロ野球では、ノーヒットノーランに抑えていた投手が、1本のヒットを打たれた後でメンタルを崩してしまうケースがよくあります。では、なぜ大谷は崩れなかったのでしょうか？

理由は井上同様に、「いつかヒットを打たれたとき、こんなもんだろうと思えるだけの心の準備」をしていたからでしょう。

アクシデントは必ず起こるものです。そのときに備えて身心の準備を怠らない。それが大谷の強さでもありました。

WORDS OF SHOHEI OHTANI 43

やればやるほど次の「できない」が見えてくる

できないことがあって、それをクリアすればするほど、次の足りない技術ばかりが見えてくる。

▼『Number』963

メジャーリーグの1年目、大谷翔平は投手として4勝、打者として22本のホームランを放ち、新人王に輝いています。それでも、大谷自身は満足していませんでした。

「できないことがあって、それをクリアすればするほど、次の足りない技術ばかりが見えてくる」と課題を口にしています。

大谷にそう思わせるのが、チームメイトでＭＶＰを過去に3度も獲得したマイク・トラウトの存在です。

大谷が最も感心したのが、トラウトは「打てる範囲が広い」ものの、範囲を「それ以上に広げない」ことでした。好打者だけに敬遠されることも多く、相手も「フォアボールならＯＫ」という投球をしますが、トラウトはそんなときも無理に打とうとはせず、球種を見極めて、四球も選びながら3割を記録します。

結果、出塁率は高くなり、打率も良く長打もあるため、トラウトの※ＯＰＳ《オーピーエス》（出塁率＋長打率）は「１・０００」を超えることになります。これは大谷の目指す数字でもあります。

大谷が1年目に身につけた技術はたくさんありますが、「これでいい」と見切りをつけない姿勢もその一つだと言えるでしょう。

※OPS…チームの得点にどれだけ貢献したかを測る指標。「0.9」を超える選手は一握り。

WORDS OF SHOHEI OHTANI 44

大事じゃない1日なんてない

毎年、「大事だな」という（ことの）積み重ねですね。（中略）前年より大事じゃないと思う年はないですね。

▼『道ひらく、海わたる』

大谷翔平は信頼を得るためには長い積み重ねが必要だと考えています。

メジャーリーグの1年目、大谷はこんな言葉を口にしました。

「1試合で何かが変わるということはもちろんない。何事も積み重ねですし、1試合1試合、翔平が出てる試合は勝ちになるゲームが多いなと思ってもらえるように、そういう仕事が1打席1イニングずつできるようにやっていきたいなと思います」

まだメジャーリーガーとしての実績が十分ではない時期、1試合1試合、1打席1打席、1イニング1イニングを大事にするからこそ、成績が向上し、信頼を得ることができるのだと大谷は考えていました。また、こうした積み重ねの大切さを、大谷は日本ハム時代から強調していました。

大谷は、プロ1年目はとても重要な時期だと考えて懸命に努力し、2年目も「ここが勝負の年」と思って頑張った結果、「2桁勝利、2桁本塁打」を達成します。

3年目には最多勝などを獲得しますが、バッティングが不十分だったこともあり、「次の年も勝負の年だな」と奮起した結果、チームの日本一に貢献します。

日々は「積み重ね」であり、毎年が「勝負の年」である。「前年より大事じゃない年などない」が大谷の考え方なのです。

WORDS OF SHOHEI OHTANI

45

わかっていてもできないことがある。だから練習する

できないだろうなと思ってできないことにはまったくイライラしませんでした。ただ、できるだろうなと思っていることができないときはイライラしました。

▼『Number』968・969

大谷翔平がメジャーリーグに移籍したとき、「メジャーは考えていた以上に先の技術が取り入れられていた」と感じたといいます。日本にいるとき、大谷は「日本の野球は技術ではメジャーリーグに負けていないんじゃないかと思っていた」と語っていますが、いざ行ってみると、それは「負けないでほしい」という願望であったことだと気付きます。

メジャーには世界中から優れた選手が集まってくるだけに、技術も進化し、洗練されていきます。当初、大谷は日本で培った技術で勝負できると自信を持っていましたが、実際には「足りない技術」がいくつもあることがわかりました。

たとえばチームメイトのマイク・トラウトに関しては、「僕ができてないことで彼ができちゃってることがいっぱいあり過ぎる」とその実力を認めています。

自分のレベルを再認識した大谷は、そこから新しい技術の習得に励みました。

大切なのは「できないことを一つずつできるようにする」ことと「できるはずなのにできないこと」をなくすことです。

「わかっていてできる人が天才なら、僕はわかっていてもできないのでたくさん練習しなきゃいけない」とも話しています。

WORDS OF SHOHEI OHTANI

46

頭の中でイメージできればきっとできる

僕はどちらかというと、頭の中で考えた方が上手くなれることが多いんです。

▼『Number』968・969

「思考実験」という手法があります。機材などを使って行う実験ではなく、科学の理論をベースに頭の中だけで考えを巡らせるというものです。たとえばアインシュタインの一般相対性理論の基本となる「等価原理」は、綱の切れたエレベータが落下するとき、そこでは何が起こるのかという思考実験から導き出されました。

前述したように、大谷翔平はメジャー1年目の最終戦が終わった翌日にトミー・ジョン手術を受けました。以来、リハビリを続けながらのトレーニング生活に入りますが、その際、大切にしていたのが「頭の中で考える」ことでした。

リハビリ中は、頭の中で考えたことを実際に試すことはできません。しかし、ボールの軌道などをイメージすることはできます。大谷によると、それだけでも十分にうまくなる、というのです。

実際に投げる（打つ）ときには、結果を目で見て確認するだけですが、頭の中で考える分にはどこまでもイメージを広げることができます。想像の域を出ないとはいえ、考える時間が多くなれば、175キロも投げられるのではないか。これが大谷の考えです。思考実験は大谷にとって良い感覚をつかむために欠かせないシミュレーションなのです。

WORDS OF SHOHEI OHTANI 47

大切なのは「できること」をいかにうまくやるか

限られた時間の中、何を捨てて何をするかという話なんです。今はできないことを捨てているだけですから。

▼『Number』968・969

メジャーリーグでは、トミー・ジョン手術を受けた場合、どれくらい療養すれば打者として復帰できるのか？　どの程度の期間で投手に復帰できるのか？　そのスケジュールは極めて明確です。

なぜなら、手術後のリハビリメニューがしっかりと組まれていて、そのメニューをこなせば見込み通り復帰できるからです。その意味では安心とも言えますが、メニュー通りのリハビリを続けるのは大変ではないかという心配もあります。

２０１８年にトミー・ジョン手術を受けた大谷翔平は、帰国後のインタビューでリハビリ開始からの期間を「53日目です」と即答。「やり過ぎちゃいけないリハビリメニューを課されて、つらくないですか？」という質問にも「そんなにつらくないです」と答えました。

さらに「限られた時間の中、何を捨てて何をするかという話なんです」と答えています。

リハビリの都合でバットを振ることはできなくとも、鏡の前でバットを持ってボールの軌道をイメージすることはできるでしょう。できないことを悔やむのではなく、できることを徹底的に追求すればいい。これが、大谷がリハビリに臨む姿勢でした。

WORDS OF SHOHEI OHTANI 48

自分を楽にする習慣はとことん守り抜け

可能な限り、長時間寝ます。できることはそれだけなので。

▼『SHO-TIME』

2021年のオールスターは、大谷翔平にとって「投げて打って」という出ずっぱりのハードなものとなりました。

しかし、なかでも前日に行われたホームランダービーは「楽しかった」ものの、同時に「疲れ切った」と言うほど過酷なものでした。翌日に試合での登板を控えた大谷に記者たちが「どうやってエネルギーを取り戻すのか」と尋ねたところ、返ってきたのは「可能な限り、長時間寝ます。できることはそれだけなので」という答えでした。

子どもの頃から大谷は「寝ることは得意」と公言するほど、よく寝ていたといいます。練習に向かう車の中でも、父親が運転する横で「ずっと寝ていた」といいますし、中学時代も野球の練習がない日は夜の9時には布団に入り、朝まで起きることはありませんでした。

リトルリーグ時代は、毎年、福島で合宿をしていましたが、そこでも他の子どもたちが騒ぐのを気にも留めず、夜の9時に寝る習慣を守っていたようですから、その自制心たるや相当なものです。

試合はもちろん、練習も含めて大谷のハードな日々を支えているのは、もしかしたら、旺盛な「睡眠欲」なのかもしれません。

WORDS OF SHOHEI OHTANI

49

ギリギリの戦いが本当の力を引き出してくれる

緊張するからこそ、勝ったときにおもしろい。

▼『野球翔年Ⅰ』

2021年、大谷は投打で活躍しMVPを獲得しますが、この年もエンゼルスは勝ち越すことができず、早くにポストシーズン進出の望みが絶たれています。

この年、大谷が「もっともっと楽しい、ヒリヒリするような9月を過ごしたい」と発言したことで、大谷は弱いエンゼルスを離れ、強いチームへの移籍を望んでいるという報道が目に付くようになりました。日本ハム時代、勝負に関して大谷はこんな発言をしています。

「勝てる勝負に勝っても嬉しくないですし、どっちが勝つかわからない、むしろ負けるかもしれないくらいの勝負のほうが、勝ったときの嬉しさは大きいのかなと思うんです。だから、緊張しないとおもしろくないかなって思います」

絶対に勝てる勝負に勝ってもおもしろくない。だからといって負けるのはもっとおもしろくない。勝つか負けるか、まさにヒリヒリするような精神状況の中で勝負をしたいと考える大谷にとって、ワールドシリーズやポストシーズン進出をかけた切羽詰まった戦いこそ、まさに「望むところ」ということなのでしょう。

第5回WBC決勝がそうであったように、大谷は勝つか負けるかのギリギリの戦いの中でこそ、力を発揮するのです。

WORDS OF SHOHEI OHTANI 50

気持ちの強さが勝敗を左右する

絶対に万が一が起きないよう、（中略）気持ちで負けないボールを投げようと思っていました。

▼『野球翔年Ⅰ』

大谷翔平は日本でプレーしているときから、力は圧倒的でも、どこかクールでスマートなイメージがありました。

しかし、2023年WBCの準決勝や決勝での戦いでは、自分が引っ張り、味方を鼓舞しようという激しい闘争心が満ちあふれていました。そこにあったのは「勝ちたい、抑えたいという気持ちの強い方が勝てる」という思いです。

大谷は2015年のWBSCプレミア21で初戦と準決勝の二度にわたって韓国と戦っています。一次ラウンドの初戦、大谷は先発投手として韓国から10個の三振を奪う好投で、6回を無失点に抑え、日本に勝利をもたらします。

二度目の韓国との対戦は負けが許されない準決勝ですが、このとき、大谷は相手のすさまじい気迫を前に、前回と同じでは抑えきれないと感じます。必死に大谷を崩そうと向かってくる相手に、大谷は「気持ちで負けちゃいけない。もう一つ上のものを出さないといけない」と決意します。

最初から空振りを取れる直球を投げ込み、大谷は7回を投げて被安打1、11個の三振を奪う見事なピッチングで韓国を無得点に抑えます。「気持ちで負けちゃいけない」ことを確認できた試合でした。

WORDS OF SHOHEI OHTANI 51

プレッシャーがあるからこそ成長できる

プレッシャーのかかる場面は自分が成長できるポイント。

▼『大谷翔平　挑戦』

第5回WBCの戦いで、大谷に対する評価は一段と高まりました。

具体的には、負けられない戦いの中で見せたゲームチェンジャーとしての実力や、※クローザーもできる投手としての圧倒的な力量です。

リードを許して迎えた準決勝の9回、先頭打者として二塁打を打って逆転につなげた力や、決勝でのマイク・トラウトを抑えた投球を見れば、「ここぞ」という場面でのプレッシャーに負けない大谷の実力がわかります。

日本ハム時代、大谷は優勝へのマジック1で迎えた西武戦で花巻東高校の先輩・菊池雄星と投げ合い、被安打1、15奪三振という投球で完封。チームを優勝へと導きます。2位ソフトバンクとの差はわずかで、負ければ逆転もあり得る状況でしたが、大谷は「プレッシャーのかかる場面は自分が成長できるポイント」と、重圧を快く思っていたのですから驚きです。

大谷はメジャーリーグで「ヒリヒリするような9月を迎えたい」と希望していますが、その際、同時に口にしていたのが「もっともっと楽しみたい」でした。大谷にとって、重圧は楽しく、同時に成長できる場面でもあるのです。

※クローザー…最終的な局面で登板して試合を締めくくる投手のこと。

WORDS OF SHOHEI OHTANI 52

「まずやってみる」を大切にしよう

とりあえず自分がうまくいきそうかなと思う練習には取り組んでみます。

▼『別冊カドカワ　大谷翔平』

大谷翔平の考え方の特徴として、何かがひらめいたり、アドバイスを受けたりしたら、「まずやってみる」があります。

世の中には変化を嫌い、変わること、変えることを嫌がる人がいますが、大谷はそれを嫌がりません。変化を前向きに捉え、周りのアドバイスや自分が思いついたアイデアなどあれば、とにかくやってみて、ことの良し悪しや、向いているかどうかを自分で判断することにしています。

2018年のスプリング・トレーニングで、大谷は投手としても打者としてもオープン戦で良い成績を残せませんでした。そんなある日、ドジャースとのオープン戦の最中、大谷は打撃コーチから、「足を上げずに振ってごらん」と声を掛けられます。

日本時代、大谷は足を上げてスイングしていましたが、それがタイミングのズレにつながるうえ、足を上げなくてもパワーは伝えられるという理由からでした。

大谷はその場ですぐに実践し、打球をドジャー・スタジアムのスタンドに放り込みました。そして、「いいですね。やりましょう」と答えます。与えられた助言を最初から「嫌だな」と跳ね返してしまえば、せっかくのチャンスを逃すことになります。

まずやってみる。この精神こそ、大谷の大きな強みなのです。

WORDS OF SHOHEI OHTANI 53

自分をアップデートしなければ生き残れない

同じようにやってたらできないので、ステップアップを目指して、結果、同じならいいし、ちょっとでもその基準を超えられればもっといいじゃないですか。

▼『Number』1048

プロ野球の世界には「2年目のジンクス」というものがあります。

1年目に素晴らしい成績を上げた選手が2年目も同様の成績を上げるのは難しいと言われているのです。

人間は一度成功した手法を繰り返そうとする傾向がありますが、これがマンネリを招いてしまうのでしょう。

大谷翔平にこのジンクスは当てはまりません。2021年にMVPをとる活躍をし、その翌年も同様の活躍をして、2023年には21年に逃したホームラン王のタイトルを獲得しています。

メジャーリーグの競争は激しく、大谷が活躍すればするほど攻略も進むだけに、MVP級の活躍を2年、3年と続けるのはそれだけで驚嘆に値します。

大谷は「毎年、自分をアップデートさせて更新していくところがないと、むしろキツイのかなと」語りました。

前の年に素晴らしい成績を上げても、それはあくまでも去年のこと。今年の成績を保証するものではありません。同じことを繰り返していれば成績は下降するばかりです。

常に自分を進化させ、アップデートしていかなければならない。これが大谷の考え方なのです。

WORDS OF SHOHEI OHTANI 54

コントロールできないことに悩まない

いいピッチングをしたのによくない結果になってしまうと、自分では左右できない部分で悩んでしまうことになります。

▼『野球翔年Ⅰ』

日本のプロ野球で※沢村栄治賞を受賞するには勝ち星の数が重要になります。しかし、メジャーリーグのサイ・ヤング賞を2018年と2019年の連続で受賞したジェイコブ・デグロムの勝ち星は10勝、11勝と意外なものでした。

決め手は何だったのでしょうか？

デグロムの防御率は1点台と低く、200を超える三振を奪いながら、与えた四球は40台ととても低かったのです。

アメリカにおいて今、投手に求められるのは「四球を出さない。長打を打たれない。三振を奪う」の三つであり、勝ち星はさほど重視されていません。だからこそデグロムは高い評価を得たのです。

大谷翔平はひじの故障もあり、2023年の勝ち星は10勝ですが、被打率は1位相当（規定投球回数未満のため）、防御率も4位相当です。勝つか勝たないかは相手次第であり、リリーフの出来不出来、打線の出来で決まります。

にもかかわらず、勝ち星の数で悩むことは、自分で左右できない部分で悩むのと同じことです。

大切なのは、自分がコントロールできることだけに全力を尽くすこと。コントロールできないことは気に病まない。これこそ、大谷が実践している考え方なのです。

※沢村栄治賞…日本のプロ野球でその年に最も活躍した投手に贈られる賞。

WORDS OF SHOHEI OHTANI 55

ひらめきは日々の練習の積み重ねから

毎日の積み重ねも、きっかけを見つけようとする作業も、どちらも必要です。だって、いつ来るかわかりませんからね。

▼『野球翔年Ⅰ』

大谷翔平は「野球漬けの日々」を送っています。シーズン中はもちろん、オフに入ってもトレーニングを欠かすことはありません。その姿を見て「どうしてそんなにストイックに取り組めるんだろう」と感じる人は多いでしょう。

大谷がそこまで熱心になるのは、「うまくなる瞬間」がいつ来るかわからないからだと話しています。

一般的には、わずか数日で技術が向上することはないと考えられていますが、大谷自身は何かのきっかけがあれば、一気に変わることができると考えています。そして、その瞬間はある日突然訪れることもあるだけに、「毎日練習したくなる」のです。日々練習を継続していると、突然、「これだ！」という感覚がつかめることがあるのです。

風邪で寝込んでいたときにひらめいたこともあるといいますから、「その瞬間」は本当にいつ来るかわかりません。

しかし大谷は「それ」が現れたら、すぐに試すことを習慣にしているのです。

もちろん、すべてが実を結ぶわけではありませんが、たとえ確率が低くても身体に対するイメージと、実際の動きがマッチすることがあり、それが飛躍へとつながっていくのです。

WORDS OF SHOHEI OHTANI

第五章

逆境を乗り越える

WORDS OF SHOHEI OHTANI 56

悔しさこそが成長のバネになる

悔しいなっていう思いが今年のモチベーションかなと思います。

▼『ルポ 大谷翔平』

大谷翔平はケガや手術のために思い通りの活躍ができなかったシーズンを何度か経験しています。

日本ハムでの4年目にはチームを日本一に導いたものの、日本ハム最後の年となった5年目にはケガの影響から活躍できず、「申し訳ない」という思いを口にしています。

メジャーリーグに移籍してからも1年目は新人王を獲得したものの、2年目と3年目はトミー・ジョン手術の影響もあり、数字的には苦戦しています。

2021年、3年目のシーズンオフを、大谷はチームが与えてくれた「二刀流のラストチャンス」と受け止め、2年間の悔しい思いを胸にシーズンに臨むことで、MVPを獲得するほどの大活躍をします。

リトルリーグ時代、大谷は全国大会への出場を目指したものの、小学校時代は果たせず、ラストチャンスの中学1年生で岩手県内の大会と、東北大会を勝ち抜いて出場を決めています。18のアウトのうち、17の三振を奪う活躍をしていますが、それを可能にしたのは、それまでの「負けた悔しい思い」があったからだと振り返っています。

大谷にとって「悔しさ」は勝利や成長への大きなモチベーションなのです。

WORDS OF SHOHEI OHTANI 57

できないことを嘆くより できることに全力を

今の僕は打者として成長していると感じていて、試合がある限りは出続けて、少しでも多くの経験を重ねていきたいと思っています。

▼『SHO-TIME』

大谷翔平は高校時代から今日まで、幾度もケガや手術を経験しています。そのため投手として投げられない時期も多かったのですが、その間に打者としての技術は格段に伸びました。その成長が今日の驚異的な成績につながっているのですから、人間は何が幸いするかわかりません。

大谷が花巻東高校に入学したとき、佐々木監督の頭にあったのは「ピッチャー・大谷」でした。ところが、高校2年生の夏に骨端線《こったんせん》損傷という大きなケガをして、ピッチャーとして投げることができなくなります。代わりにバッティングの練習に力を入れたところ、その才能が大きく開花したのです。当時のことを大谷は「思っていたよりも、もっと上の自分がいたので、バッティングが楽しくなってきたんです」と振り返っています。

メジャーリーグに移籍した1年目と2年目も大谷は手術などにより、ピッチングのできない時期を過ごしていますが、ここでも大谷はバッティングに専念することで「打者として成長している」ことを実感しています。

ケガは歓迎すべきものではありませんが、ケガとそれに対する取り組みが大谷の野球人生を大きく変えたのです。

WORDS OF SHOHEI OHTANI 58

どんなときでも課題に目を向けろ

（ポストシーズンが厳しくなっているからこそ）自分の中の課題であったり、来年に繫がるようなことをひとつでも見つけられたらいいなと。

▼『Number』1040

「勝つ」ことへの意欲は、大谷にとってとても強いものがあります。

投打の二刀流として成長し続けることはもちろん大切なことですが、それにはチームの勝利があってこそ。これが大谷の考え方です。

メジャーリーガーであれば誰もが手にしたいのがワールドシリーズの優勝リングでしょう。これまで11人の日本人選手が手にしていますが、大谷が目指しているのも「打って、投げて、走って、勝って」ワールドシリーズに出場し、優勝することです。

しかし、残念ながらエンゼルスでは西地区で勝ち越すことさえままならぬ状況が続きました。結果、※ポストシーズンの進出も難しく、8月、9月は来年を見すえての戦いとなり、モチベーションの維持が難しくなっていたのです。

それでも、大谷が全力プレーを怠ることはありませんでした。ポストシーズンが厳しくなったからこそ、「自分の中の課題に取り組んだり、来年に繋がることを見つけること」を心がけたのです。

ときにはモチベーションを保てないこともあるでしょう。しかし、それでもできることはたくさんあるはずだ。これが大谷流の思考なのです。

※ポストシーズン…レギュラーシーズンが終了した後に、成績上位チームが順位を決める試合の期間。

WORDS OF SHOHEI OHTANI

59

言葉が持つ力を大切にしよう

能力はあるんだから、自信を持ってやればいいと言ってくれて、すごく励みになりました。

▼『大谷翔平』

いつも自信にあふれ、楽しそうにプレーしているように見える大谷ですが、メジャーリーグ1年目のスプリング・トレーニングでは「少し自信を失いかけていたかもしれません」と振り返っています。

日本の若きスターで、ベーブ・ルース以来の二刀流に挑戦するというだけでも大きな話題でしたが、「本当にそんなことができるのか」と懐疑的な見方をする人も多かったのです。実際、投手としても苦戦、打者としても低い評価しか得られませんでした。

しかし、そんな大谷に対し当時のGMビリー・エプラーは「能力はあるんだから、自信を持ってやればいい」と声をかけています。コーチやチームメイトも皆、励ましの言葉をかけてくれたといいます。

同じ頃、イチローからも「自分の才能を信じたほうがいい」と言われたことで、大谷はグラウンドに自信を持って入っていけるようになったと話しています。

人はときに不安になり、自信を失いかけることがあります。そんなときにかけられる「温かい言葉」は、背中を押してくれますし、困難に立ち向かう力を与えてくれます。言葉は人を傷つけることがありますが、同時に人を勇気づけることもできるのです。

WORDS OF SHOHEI OHTANI 60

「数」ではなく、「中身」を問い続けろ

数をこなすことが大事なのではなくて、数をこなす分、よかった、悪かったの回数が増えていくことで、それがより洗練されていく。

▼『Number』980

思うような結果が出ないことはよくあります。そんなときほど、長時間の練習に励む選手は少なくありません。

しかし、それでも良い結果が出ないときには、どうすればいいのでしょう。

名選手にして名監督だった野村克也は、努力には「正しい努力」と「間違った努力」があり、後者をどれだけ多くこなしても結果が出ることはないと言いました。

よく言われる「努力は裏切らない」は「正しい努力」であることが絶対的な条件なのです。

大谷翔平も練習すればするだけ問題点は改善されていくものの、大事なのは「数をこなすことではない」と語っています。

数をこなすことは大前提だとしても、やり続けていくことで「良かった」「悪かった」の回数が増え、より洗練されて成果につながっていく。これが大谷流の考え方です。

闇雲に数さえこなしていればうまくなるとは考えていないのです。

焦るあまり、ひたすら練習を重ねても、それだけでは望む結果が得られるとは限りません。

量をこなすのではなく、その積み重ねの中にある手応えをキャッチすることが大切なのです。

WORDS OF SHOHEI OHTANI 61

ベストではないときにいかに「最善」を尽くせるか

これからも、ベストの状態で毎回登板できるとは限りません。半分くらいはベストじゃないと思ったほうがいい。

▼『大谷翔平』

「手も足も出ないというボールは、今はもうないし、打たれたら、そんなのベストピッチじゃないと思ってるところもありますからね」

これは日本ハム時代の大谷翔平の言葉です。プロに入った大谷は2年目、3年目と成長を遂げ、4年目にはMVPを獲得。チームを日本一に導くほどの活躍をしています。当時の大谷はベストピッチを打たれた記憶もなければ、これは打てないというような球に出合ったこともないと言っています。

エンゼルスに入団してからも、ＭＶＰを獲得した２０２１年以降、絶好調のときの大谷は、投打とも「手が付けられない」ほどの活躍をすることがしばしばでした。まさに向かうところ敵なし、だったのです。

とはいえ、それはあくまでも「ベストな状態」の話。大谷も投手として、爪の状態が悪かったり、疲労によっていつものパフォーマンスが出なかったりと、コンディションが思わしくないときがありました。それを裏付けるように、「半分くらいがベストじゃないと思った方がいい」と語っています。

大事なのは、ベストじゃないコンディションのときに「何ができるか」を考えること。その心構えが、シーズンを通しての成績を左右するのです。

WORDS OF SHOHEI OHTANI 62

逆境を経験することでさらに強くなれる

今まで以上に強くなって戻れるよう全力を尽くす。

▼「大谷翔平インスタグラム」9月19日

2023年9月19日（日本時間20日）、大谷翔平は右ひじの手術の成功を自身のインスタグラムで報告しました。

同年8月23日のレッズとのダブルヘッダー第1戦で2回を途中緊急降板、その後の検査で右ひじ靭帯の損傷が判明し、投手としてのシーズン終了を決断していました。

この時点では打者としての出場を明言していましたが、9月4日に右わき腹の張りでスタメン出場を回避、その後は残りの試合を欠場しています。

手術時期が世間の関心を集めていましたが、大谷は2018年と同様、すぐに手術に踏み切ります。そして、手術が終わるや否や、「残り試合のチームの勝利を祈りつつ、自分自身も1日でも早くグラウンドに戻れるように頑張ります」というメッセージを発信しました。さらに「今まで以上に強くなって戻れるよう全力を尽くす」ともコメントしています。

通常、大谷はケガやリハビリの間に打力が向上し、以後はそれまでの実力を超える存在となってきました。不安な思いで見守るファンに応えるように、見事に復活を遂げてきたのです。「シン・二刀流」の誕生に期待をかけ、それを実現させてきたのは、他でもない大谷自身でした。

WORDS OF SHOHEI OHTANI

第六章

野球の未来を背負う

WORDS OF SHOHEI OHTANI 63

「あこがれる」から「あこがれられる」存在になれ

子ども時代にイチローさんがＭＶＰを取るのを見て、自分もいつかメジャーでプレーしたいと思いました。

▼『大谷翔平』

野茂英雄が投手としてメジャーリーグへの道を切り拓いたとしたら、イチローは野手としてメジャーリーグへの道を切り拓いた選手です。シーズン1年目の2001年には、首位打者をはじめ、盗塁王、新人王、MVPなども獲得しました。

マリナーズとシアトルで対戦した際には、大谷翔平がイチローのもとに駆け寄ってあいさつをする姿が見られました。大谷にとってイチローはあこがれの選手であり、かつ自分の才能を認め励ましてくれた存在でもありました。

なかでもイチローがメジャーでMVPを獲得したこと、また、第2回WBC決勝の対韓国戦でイチローが勝敗を決める一打を放ったことは大谷の脳裏に強烈に焼き付いたといいます。

そして今、大谷は自分がイチローを見てメジャーにあこがれたように、自分の姿を子どもたちに見てもらえればいいと考えています。

「そのうち、見てくれている子どもたちと一緒に野球ができたら素晴らしいですね」という夢も口にしています。

今や日本だけでなく世界中の子どもたちが大谷のプレーに注目しています。いつか大谷にあこがれてメジャーで活躍する選手が出てくるかもしれません。

WORDS OF SHOHEI OHTANI 64

みんなの支えがあってこそ成長できる

ファンの皆さんの温かい声援が力となって、投げることができています。今回もまた、力を借りたいと思います。

▼『大谷翔平』

第5回WBCの日本チームの初戦、中国戦において、大谷翔平は投手として4回を零封、バッターとしても左中間フェンス直撃の2点二塁打を放つなど、チームの勝利に大きな貢献をしています。

大切な初戦に勝利した安堵感もあったのか、大谷は試合後のインタビューで「まだまだ足りないんで、明日ももっともっと大きい声援でよろしくお願いします」とファンの歓声を求めました。

大谷に限らず野球選手にとってファンの歓声は特別なものです。新型コロナの世界的流行によりメジャーリーグは2020年には予定より4カ月遅れで開幕、試合数も60試合に短縮されました。大谷自身も試合中に映像をチェックできないなど、さまざまな影響で思うような成績を上げることができませんでした。

しかし、翌21年からは人数制限はあるものの、客席にファンが戻ってきたことで、大谷は元気を取り戻します。

大谷は、観客の前でプレーすることで、打席でもマウンドでもより集中することができる、ファンの声援と球場全体の雰囲気がボールとバットに乗り、大きな力になる、と言っています。この感覚を裏付けるように、同年、大谷は見事にMVPを獲得したのです。

WORDS OF SHOHEI OHTANI 65

ファンの気持ちに応えてこそ本当のプロである

この舞台を（中略）楽しみにしてくれる人を喜ばせたい、それが今回の僕の目標です。

▼『SHO-TIME』

日本ではプロ野球が地上波で放送されることはほとんどなくなり、野球人口の減少が顕著になってきました。それはアメリカにおいても同様です。

大谷翔平は2021年のオールスターに史上初めて投手と打者の両方で選ばれていますが、それは野球人気の復活を目論むMLB機構にとっても千載一遇のチャンスでした。MLB機構は大谷を「野球界の歴史の中でも一番独特で革命的な選手」として大々的に売り出します。

大谷を紹介するCMをつくり、ニューヨークの本部ビルに巨大な写真を貼り出します。その期待に応えようと、大谷もホームラン競争への出場を受諾。翌日のオールスターに先発登板をして、同時に指名打者として打席に立つことに同意します。

本来ならシーズン前半をフルに戦ってきただけに、ここまでする必要はなかったでしょう。しかし、大谷はアメリカン・リーグの監督を務めたレイズのケビン・キャッシュらの「これぞ、ファンが見たいものだから」という期待に応えて、フル稼働します。そんな大谷の姿にキャッシュは「畏敬の念でいっぱいだ」と最大限の賛辞を送りました。

このときの大谷は野球というスポーツの未来をも背負っていたのです。

WORDS OF SHOHEI OHTANI 66

みんなの「あこがれ」を自分たちでつくっていく

10年後、20年後、30年後、もっともっといい大会になっていけばいい。

▼『Number』1069

ボストン・レッドソックスでメジャー1年目ながら、一時は首位打者を争うほどの活躍をした吉田正尚は、第5回WBCにおいて、大谷翔平に匹敵するほどの活躍をしています。本来、メジャー1年目であればそちらに専念してもいいはずですが、あえて参加したのは、吉田にとってWBCが小さいときからのあこがれであり、一つの大きな目標だったからです。

大谷も同様で、日本時代から「WBCは目標にしているというより憧れだった」と話していました。今や日本のプロ野球選手にとってWBCは、是非とも参加したい大会となっているのです。

そんなあこがれをかき立てたのが、第2回WBC（2009年）の試合でした。韓国との緊迫する試合展開において、イチローが放った打球が優勝を決める一打となったのです。

「日本代表のユニフォームを着ることが最高の栄誉である、とみんなが思える大会に自分たちで育てていく」というイチローの思いが決勝の一打となりました。

大谷はそうした先人の思いを受け継ぎ、今の子どもたちにあのときと同じ体験をしてほしいと願っています。子どもたちの感動が、未来のWBCをつくっていくと信じているのです。

WORDS OF SHOHEI OHTANI 67

信頼があってこそ「エース」になれる

何をもってエースなのかと言われれば、自分ではなく、チームメイトやファンが決めるものなのかなと思います。

▼『野球翔年Ⅰ』

かつて日本のプロ野球では「先発完投」という言い方がありました。先発したピッチャーが最後まで投げ切ってチームに勝利をもたらすのが理想であり、そうした人が「エース」と呼ばれていたのです。

そうしたエースのいるチームが対戦するときには、エース同士の投げ合いがファンの関心を集めたものです。

もちろん、今も優れたピッチャーはたくさんいますが、投手の分業制が進んだこともあり、「エース」の役割がややわかりにくくなりました。

大谷翔平が日本ハムに在籍していた頃、監督の栗山英樹は「優勝させたらエース」と高いハードルを掲げていましたが、大谷自身は「この人が投げたら勝てると思われながらマウンドに送り出してもらえる人がエース」であると考えていました。

大谷は、エースとは単に球が速いとか、変化球が優れているとか、コントロールが抜群といったことではないと言っています。「この人が先発なら勝てるだろう」という安心感をチームメイトやファンに与える存在で、その信頼感を勝ち取ることがエースの条件だと考えているのです。

エースであるためには、本人が必死に頑張ればいいというわけではなく、周りの信頼や後押しが必要なのです。

WORDS OF SHOHEI OHTANI 68

ルールは自らの活躍で変えていく

Two-Way Playerという枠を、プラスにとらえてもらえるようなポジションを確立していきたいなとは思います。そういう使命感というか、責任が僕にはある。

▼『道ひらく、海わたる』

2019年3月、大リーグ機構側と選手会側が新たなルールについて合意しました。その中の一つが、それまで投手と野手の2通りしかなかった登録に、一定の条件をクリアすれば「Two－Way Player（二刀流）」を加えるという、まさにそれまで大谷翔平がやってきたことを追認するようなルールでした。

この変更について大谷は「僕がやってきたことに対して特別な意味はある」と述べたうえで、「それ（新ルール）を維持することが大事だと思います」と話しています。

なぜなら、せっかく新しい枠ができたのに、大谷が活躍できなければ、「やっぱりいらないな」と思われてしまうから。

逆に、特別枠で大谷が活躍し、チームを勝利に導けば、枠の重要性を認める人が出てくるでしょう。「二つやってみよう」という選手も増えるかもしれません。

大谷は、喜びと共に使命感や責任感を強く感じていました。

その後の大谷の活躍もあってか、2022年3月には「先発投手が指名打者（DH）を兼務できる」という新ルールもつくられました。長い歴史のある大リーグで大谷のためとも言えるルールができたことは、大谷にとって「最も嬉しい出来事の1つ」となったのです。

WORDS OF SHOHEI OHTANI

69

目先の数字よりもファンの期待に応えろ

ホームランを打つ人がたまーにバントをして一塁へ走るから、その姿が「オモロイな」となるわけで、それが毎試合になってしまったらオモロクない。

▶『Number』1048

「世界のホームラン王」王貞治が引退したのは1980年、40歳のときです。

引退の年にも30本のホームランを打っていましたが、「来年も40本を目指したい」と言い続けていた王にとっては、「自分のバッティングができなくなった」ことが引退の理由となりました。

大谷翔平がしばしば比較されるベーブ・ルースは、かつて記者から「バットを短く持ってレフトへ流し打ちすれば4割打てるのに」と言われ、「私がレフトへ二塁打を三本飛ばすより、ライトへホームランを一本打つのをファンは見たがっている」と答えています。


バッターにはそれぞれのスタイルがあり、ファンはそれを観るためにスタンドに足を運ぶのでしょう。

大谷は、2022年まで一、二塁間に野手を3人配置する「大谷シフト」を敷かれることがよくありました。打率だけを考えれば、足を活かしてセーフティバントをすればいいし、野手のいないところを狙って打てばいいのですが、大谷は「たまにならおもしろいけど、毎試合ならつまらない」と否定的でした。

大谷は、ルース同様、しみったれたヒットではなく、豪快なホームランでファンの期待に応えようとしているのです。

WORDS OF SHOHEI OHTANI
70

みんなから「一番」と言われる存在でありたい

ファンの方やいろんな人たちから「彼が一番だ」と言ってもらうことは幸せなことだと思います。

▼『道ひらく、海わたる』

大谷翔平がメジャーリーグへの挑戦を決めたのは2017年のシーズンオフですが、シーズン中、花巻東高校の佐々木洋監督は、電話で話をした際に「夢も大事だし、挑戦も大事だけど」と前置きをしたうえで、リスクを考えてもう少し日本でプレーをしてからアメリカへ行くようにと提案しました。

しかし、大谷の「行きたい」という意志が変わることはありませんでした。そんな大谷から佐々木が感じ取ったのは、「自信があるから行くのではなく、挑戦したいから行く」という「野球少年」そのままの思いの強さでした。メジャーへの挑戦を正式に表明した日、大谷が口にしたのは「プレーしているなかで、一番の選手になりたい」でした。

オリンピックと違って、野球には金メダルのようにわかりやすい「一番」はありません。また、チームスポーツなので、個人の「一番」は見えにくくなります。だからこそ、多くの人に「彼が一番」だと言われるようになれば、それが「一番」なのだと大谷は考えました。そして、そのために大谷が選んだのがメジャーという世界最高峰の舞台だったのです。

大谷は今、世界中の人から「彼が一番」だと言われ始めています。

WORDS OF SHOHEI OHTANI 71

日本野球のプライドを示したい

これで日本の野球が、世界のどこのチームにでも勝てることを証明できた。

▼『Newsweek』2023.10/10・10/17

大谷翔平は普段は穏やかな表情を見せることがほとんどですが、2023年1月、初出場となるWBCへの意気込みを問われた大谷は「野球を始めてから今日まで、1位以外を目指したことはない。負けていいいと思ったこともない」と力強く語りました。大谷は野球に関しては群を抜く負けず嫌いなのです。

その言葉通り、大谷はWBCでは通算打率・437、長打率・739、投手としても9回と3分の2を投げ、11奪三振、防御率1・86とMVPに選ばれるほどの活躍で、日本を3度目の優勝に導いています。優勝を誰より喜んだのは大谷自身でした。試合後、こう言いました。

「間違いなくこれが今までの人生で最高の瞬間だ。これで日本の野球が、世界のどこのチームにでも勝てることを証明できた」

大谷は小さい頃からメジャーも見ていましたが、やはり日本の野球に親しみがあり、「日本の野球のレベルを世界に示したい」という気持ちが強かったといいます。だからこそ、メジャーの技術の高さを素直に認めつつも、日本の野球の素晴らしさを証明する機会を待ち望んでいたのでしょう。それが結実したのがWBCでの勝利だったのです。

WORDS OF SHOHEI OHTANI 72

子どもたちに野球の楽しさを伝えよう

野球しようぜ！

▼「大谷翔平インスタグラム」11月9日

2023年11月、大谷翔平のビッグなプレゼントが日本中を驚かせました。

日本全国にある約2万の小学校に低学年用の野球グローブを三つずつ贈ることを表明したのです。

最近、日本では、野球人口の減少が危惧されています。一番の原因は少子化ですが、野球は用具一式をそろえるのにお金がかかるという問題もあります。

また、最近では、都会を中心に、子どもたちが気軽に野球ができる広場が少なくなりました。このままでは、野球人口は減る一方でしょう。

だからこそ、大谷がグローブ（右利き用2個、左利き用を1個の計3個）をすべての小学校に贈ったことは大きなインパクトがありました。

大谷の野球人生は、父親や兄とのキャッチボールから始まっています。その記憶が頭をよぎったのか、大谷はこんなコメントも発信しています。

「このグローブを使っていた子供たちと将来一緒に野球ができることを楽しみにしています！」

大谷が贈ったグローブを使った子どもたちの中から、本当に大谷と一緒にプレーする選手が誕生する。そんな姿を誰もが見たいのではないでしょうか。

WORDS OF SHOHEI OHTANI

第七章

「大谷翔平」という生き方

WORDS OF SHOHEI OHTANI 73

健康であることは幸せなこと

健康ならば、やりたいことをやり切れる。

▼『Number』1069

大谷翔平は、ほとんど外食をせず、健康にいい食事を心がけています。

また、自ら「睡眠欲がすごい」と語っているように、十分な睡眠をとることにとても気を遣っています。スポーツマンなら当然とも言えますが、超一流の結果を出すためには、体調管理の入念さも人並み以上ということでしょう。

大谷がこれほど健康にこだわるのは、「健康ならば、やりたいことをやり切れる」からです。大谷は過去に手術によって投げることのできなかった時期もありますし、ケガで十分に身体を動かせなかった経験もしています。大谷は言います。

「フィジカルをマックスで使って、100%の体調で強化する練習ができているのが何より嬉しいんです。ベクトルがリハビリに向かう練習か、全部の能力を上げたい練習なのか、どちらが上手くなりますかといったら、それは後者でしょう」

メジャーリーグの1年目にトミー・ジョン手術を受け入れたのも、「結果以前に、ああ、腕が振れないな、と思いながらマウンドへ行くのは楽しくない」からです。

不安なく、全力で練習し、全力でプレーできることは大谷にとって「ささやかではない幸せ」なのです。

WORDS OF SHOHEI OHTANI 74

すべてを野球のために捧げたい

僕、味は二の次ですから。

▼『Number』1048

大谷翔平の食事に対する考え方は独特です。高校時代、大谷の一番の身体づくりの課題は筋肉量を上げることと、60キロ台の体重をさらに増やすことでした。そのため、「朝からすごく食べていた」といいます。

寮でおにぎりをつくって学校に持っていって食べ、お弁当も食べ、なおかつ練習前にも食事をとっていたほど。目指す体重にはなれたものの、大谷にとっては、それはつらい日々でもありました。

日本ハム時代は寮での食事が基本でしたが、入団して3年目を終えた冬、日本ハムはメジャーで活躍するダルビッシュ有を招き、大谷を含む何人かの指導を依頼します。ダルビッシュは大谷たちと共に合同トレーニングを行い、栄養学とトレーニング理論を伝えます。

以来、大谷は食事から砂糖を排除し、白米ではなく玄米を選択。また、トレーニング方法も変え、その後の圧倒的な成績につなげています。

アメリカに渡ってからは、ほとんど外食はせず、自炊がメインだと語っています。基本的には同じものを同じ量だけ食べて、メニューも変えません。「その方がいろんなことがわかりやすい」し、「味は二の次」だと語っています。大谷にとっては、食事もまた、野球のためなのです。

WORDS OF SHOHEI OHTANI

75

良いこともつらいことも「経験」と捉える

本当はもっともっとバットを振る中でゲームを楽しみたいなという気持ちもありましたけれど、今後のことを考えればいい経験ができたと思っています。

▼『Number』1040

２０２１年シーズンからの大谷翔平への敬遠の多さは突出しています。２０２３年の申告敬遠数は５９９打席に対し21個ですが、前年のホームラン王アーロン・ジャッジの7個（４３６打席）に比べると、その多さがわかるでしょう。

２０２１年、大谷は46本の本塁打を打ちながら、トップに2本及ばずタイトルを逃しました。打てなかった理由の一つに挙げられているのが四球の多さです。

45号本塁打を打った後、大谷は「４試合で13四球」という、ベーブ・ルースやブライス・ハーパーに並ぶメジャー記録を打ち立てています。

四球の多さの理由として「大谷がアジア人だから、タイトルを取らせないためではないか」といったうがった見方もありました。

けれども、実際には大谷の後ろを打っていた、強打者マイク・トラウトが同年5月に右ふくらはぎの負傷で長期離脱したため、エンゼルスの打線は「打てるのは大谷だけ」という状態になっていました。

四球や敬遠の多さについて大谷は「最終的にそのレベルに行きたいな」と思っていたものの、「少し早い」と感じたようです。

しかし、それすらも「いい経験にしていきたい」というのが大谷の考え方なのです。

WORDS OF SHOHEI OHTANI 76

どんな相手でも気持ちは常に対等であれ

僕からはひとつだけ。憧れるのをやめましょう。

▼『大谷翔平』

スポーツでもビジネスでも、戦う相手や交渉相手に対して、過度のリスペクトや恐れを抱いていては持てる力の半分も出なくなります。たとえ実力があっても勝つことはできません。

勝つためには、精神状態をどのような状態に保てばいいのでしょうか？

第5回WBCの決勝直前、クラブハウスで「声出し」を初めて任された大谷翔平が強調したのは、有名選手がそろうアメリカチームに対するあこがれを捨て、勝つことだけを考えることでした。

アメリカチームには、野球選手であれば誰もが名前を聞いたことのある素晴らしい実績の選手たちが名を連ねていました。なかには、日本人選手が尊敬してやまない選手もいたはずですが、その敬意が災いして「あの選手を抑えられるはずがない」「あの選手の球を打てるはずがない」「あんなメンバー相手に勝てるわけがない」と弱気な気持ちになると、勝てるはずのものが勝てなくなってしまいます。「今日1日だけはそういう気持ちを忘れて、本当に対等な立場で必ず勝つんだという気持ちをみんなで出したいなと思っていました」という大谷の思いが通じ、日本は見事にアメリカを破って優勝することができたのです。

WORDS OF SHOHEI OHTANI 77

制約ある時間を一番大事なことに充てる

時間はあるだけあったほうが野球は上手くなりますよね。

▼『Number』1069

大谷翔平は日本ハム時代からクリスマスも休まないほど練習熱心として知られていました。外食はほとんどしませんし、飲み歩くこともありません。試合以外の時間をほぼ野球の練習と睡眠を含む休養に充てていることになります。

「まさに野球漬けの日々」を送っているわけですが、それでも時間は足りないと感じているようです。

2017年、「クリスマスプレゼントに何がほしいか」と聞かれ、その答えは「あと1カ月の時間がほしい」でした。

2023年、それを受けて、「今は時間は足りていますか」と聞かれたところ、返ってきたのは「短期的に見たらそれなりに時間は足りている」と前置きをしながらも、「もっと上手くなる」という点では、「開幕まで、自分だけさらにあと1年という時間があるといい」というものでした。

「もっと時間がほしい」と願う人は少なくありません。しかし、仕事などがあまりに忙しいために、手に入れた時間を休息時間や遊ぶ時間に充てたいという人がほとんどでしょう。

大谷の場合、持てる時間のほぼすべてを野球のために使いながら、さらに野球のための時間がほしいというのです。どこまでも「野球一筋」な大谷です。

WORDS OF SHOHEI OHTANI 78

引き際は自分自身で決める

五十代までの現役は不可能ではない。

▼『道ひらく、海わたる』

アスリートが何歳まで現役を続けられるかは、種目によって差があります。

10代から世界で活躍し、20代で引退するスポーツがある一方、プロ野球の世界では39歳でホームラン王に輝いた山﨑武司や、50歳まで現役を続けた山本昌など、40代になっても現役としてバリバリ活躍する選手がいます。

イチローも50代までの現役を目標にしていましたが、※フライボール革命などの影響もあり、45歳で引退を決断しました。

大谷翔平もできるだけ長く野球を続けたいと願っており、50代までの現役は不可能ではないと考えています。

「野球はできるだけ長くやりたいし、できる限りの成績を残したいし、そのために毎日毎日、今のうちから基礎体力をつけて、なるべくそれが落ちないようにやっていきたい」と話しています。

大谷が実践している投打二刀流は体力的にもかなり負担が大きいはずで、何歳まで今のスタイルを通せるかはわかりません。

それでも、今後医療やトレーニングの技術が発達すれば、50代での活躍も不可能ではないでしょう。「限界まで現役」を目指してあきらめないのが大谷のポジティブ思考なのです。

※フライボール革命…打球に角度をつけて打ち上げる方が、ヒットの確率が上がるという理論。2010年代の半ばから大リーグで広まった。

WORDS OF SHOHEI OHTANI

79

限界を超えるために日々の努力を怠るな

野球をやめるその日まで強くなるという気持ちでやり続けると思います。

▼『Number』1048

プロ野球選手のピークは個人差もありますし、投手か野手かによっても変わってきます。それでもしいて言えば、野手の場合は27～28歳辺りでピークがきて、チームの核として活躍するのが30代前半。投手はもう少し早いと言われています。

2023年7月に29歳になった大谷翔平は、自らのピークについて「自分の計算の中ではもうピークは始まっていると思っている」と言っています。たしかに今の数字を見れば、そう言えるかもしれません。

大谷は「ピークから下がってきたとき、僕はどういう気持ちになるのかな」という不安も口にしています。

残念ながら、野球に限らず、どんな競技のアスリートも、肉体の衰えを避けることはできません。

大谷自身はこれから先の自身の身体について、どう考えているのでしょうか。

「フィジカルで強さを出せないと納得のいく動きができません。30代後半になっても、20代を超えるフィジカルを作っていく気持ちは失いたくない」

大谷は常々「50代まで野球を続けたい」と語っています。そのために不可欠なのはフィジカル（肉体）の強化でしょう。

大谷の強い決意は、肉体のピークをどこまでも引き伸ばせそうな気がします。

WORDS OF SHOHEI OHTANI

80

世界で戦うことは素晴らしい

僕、羽生君世代なんです。

▼『Number』881

野球の世界では、その世代を代表する選手と同学年の選手たちを「○○世代」と呼ぶことがあります。代表的なのは「※松坂世代」ですが、今なら大谷翔平（1994年生まれ）と同学年なら「大谷世代」と呼んでもいいかもしれません。

しかし、大谷は日本ハム時代から、自分を「羽生（結弦）君世代なんです」と言っていました。

羽生結弦も大谷と同じ1994年生まれですが、ソチオリンピックで金メダルを獲得したのは2014年2月、19歳のときでした。ほかにも同年代には水泳の萩野公介や瀬戸大也、ラグビーの姫野和樹、バスケットボールの渡邉雄太、スピードスケートの高木美帆などがいて、彼らが集う「94年会」には大谷も顔を出すことがあるといいます。大谷は「（この会に羽生を呼ぶことが）おれたちの夢だよね」と言うほど羽生を尊敬しているのです。

羽生が初めての金メダルを獲得した当時、大谷は日本で戦いながら世界を目指していました。それだけに、羽生の活躍がまぶしく映ったのでしょう。

一流の選手たちは、スポーツのジャンルの垣根を越えて、互いをリスペクトし合うことで、さらなる高みにのぼりつめていくのです。

※松坂世代…横浜高校から西武ライオンズに入団、メジャーリーグでも活躍した松坂大輔と同じ「学年」のこと。1980年4月2日〜1981年4月1日生まれを指す。

「大谷翔平」参考文献

『道ひらく、海わたる　大谷翔平の素顔』
佐々木亨著、扶桑社文庫

『大谷翔平　野球翔年I　日本編2013—2018』
石田雄太著、文春文庫

『大谷翔平　二刀流メジャーリーガー誕生の軌跡』
ジェイ・パリス著、関麻衣子訳、辰巳出版

『ルポ 大谷翔平　日本メディアが知らない「リアル二刀流」の真実』
志村朋哉著、朝日新書

『もっと知りたい！　大谷翔平　SHO-TIME観戦ガイド』
福島良一著、小学館新書

『SHO-TIME 大谷翔平　メジャー120年の歴史を変えた男』
ジェフ・フレッチャー著、タカ大丸訳、徳間書店

『少年 大谷翔平「二刀流」物語』
小林信也著、メディアパル

『大谷翔平　挑戦』
岩手日報社

『Number PLUS』MAY.2023
文藝春秋

『別冊カドカワ　大谷翔平』
KADOKAWA

『Number』861,881,963,968･969,980,1040,1048,1069,1076,1078
文藝春秋

『Newsweek』2021.10/12
CCCメディアハウス

桑原《くわばら》　晃弥《てるや》

1956年、広島県生まれ。経済・経営ジャーナリスト。慶應義塾大学卒。業界紙記者などを経てフリージャーナリストとして独立。トヨタ式の普及で有名な若松義人氏の会社の顧問として、トヨタ式の実践現場や、大野耐一氏直系のトヨタマンを幅広く取材、トヨタ式の書籍やテキストなどの制作を主導した。一方でスティーブ・ジョブズやジェフ・ベゾスなどのIT企業の創業者や、本田宗一郎、松下幸之助など成功した起業家の研究をライフワークとし、人材育成から成功法まで鋭い発信を続けている。著書に『人間関係の悩みを消す　アドラーの言葉』『自分を活かし成果を出す　ドラッカーの言葉』（ともにリベラル社）、『スティーブ・ジョブズ名語録』（PHP研究所）、『トヨタ式「すぐやる人」になれる8つのすごい！仕事術』（笠倉出版社）、『ウォーレン・バフェット』（朝日新聞出版）、『トヨタ式5W1H思考』（KADOKAWA）、『1分間アドラー』（SBクリエイティブ）、『amazonの哲学』（だいわ文庫）などがある。

イラスト　宮島亜希
デザイン　宮下ヨシヲ（サイフォン・グラフィカ）
DTP　尾本卓弥・杉本礼央菜（リベラル社）
編集人　安永敏史（リベラル社）
編集　木田秀和（リベラル社）
営業　津田滋春（リベラル社）
広報マネジメント　伊藤光恵（リベラル社）
制作・営業コーディネーター　仲野進（リベラル社）

編集部　中村彩
営業部　津村卓・澤順二・廣田修・青木ちはる・竹本健志・持丸孝・坂本鈴佳

圧倒的な力で世界を切り拓く **大谷翔平の言葉**

2024年 1 月22日　初版発行
2024年11月 8 日　6 版発行

著　者　桑 原　晃 弥
発行者　隅 田　直 樹
発行所　株式会社 リベラル社
〒460-0008　名古屋市中区栄3-7-9　新鏡栄ビル8F
TEL 052-261-9101　FAX 052-261-9134
http://liberalsya.com
発　売　株式会社 星雲社（共同出版社・流通責任出版社）
〒112-0005　東京都文京区水道1-3-30
TEL 03-3868-3275
印刷・製本所　株式会社 シナノパブリッシングプレス

©Teruya Kuwabara 2024 Printed in Japan ISBN978-4-434-33177-0　C0095
落丁・乱丁本は送料弊社負担にてお取り替え致します。　325003

桑原晃弥の新刊

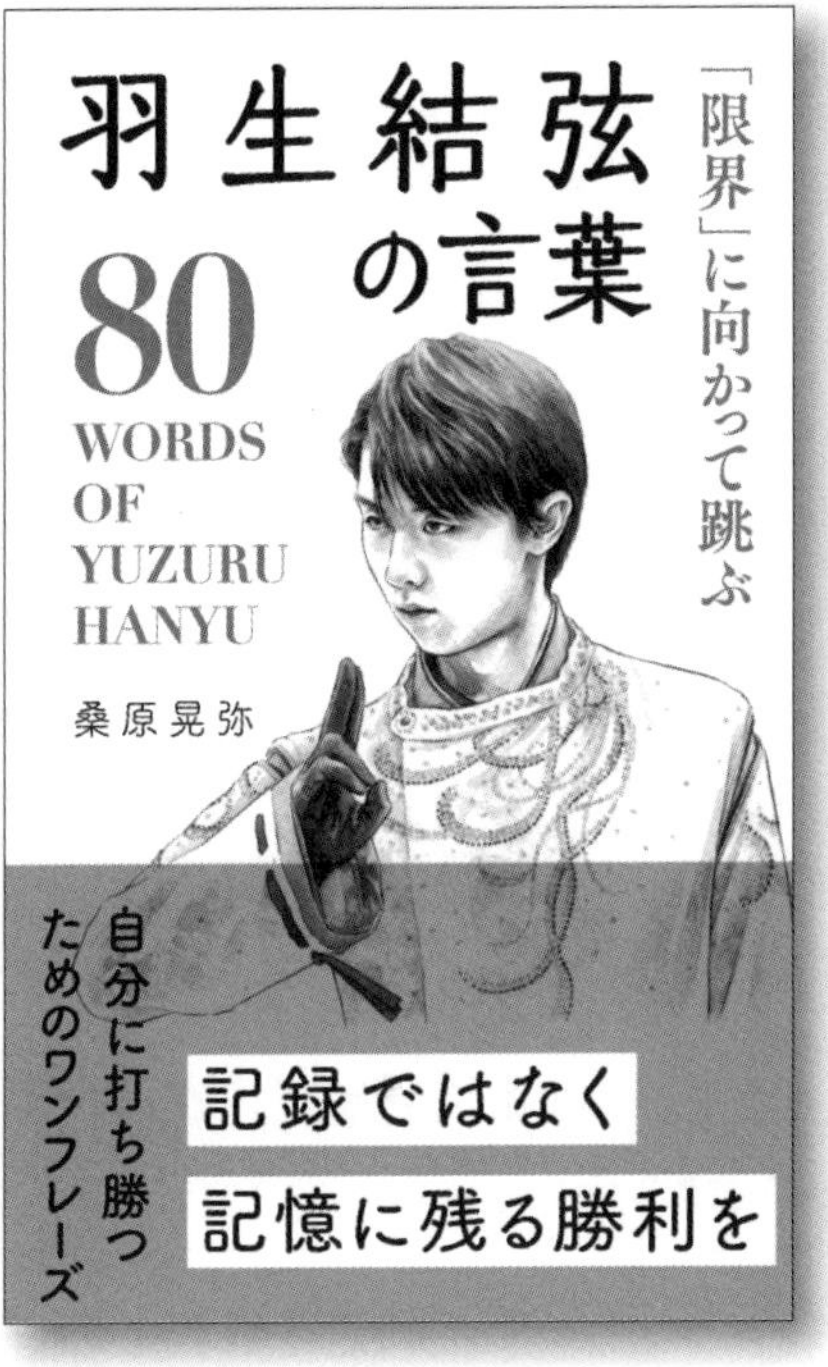

「限界」に向かって跳ぶ **羽生結弦の言葉**

オリンピック２連覇、主要国際大会全制覇などの偉業を達成し、男子フィギュアスケート界の歴史を塗り替えてきた羽生結弦。数々の苦難を乗り越えながら、不死鳥のように復活してきた人生の軌跡を、数々の名言と共に振り返ります。

桑原晃弥の好評既刊

自分らしい生き方を貫く 樹木希林の言葉

「唯一無二」の名女優に学ぶ、自分らしく生きる秘訣

「自分らしい花」を咲かせる 渡辺和子の言葉

ベストセラー作家に学ぶ、「自分らしい花」を咲かせる方法

自分を愛し胸を張って生きる 瀬戸内寂聴の言葉

明るく元気に人を励まし続けた名僧に学ぶ、優しさと元気の秘訣

「好奇心のかたまり」であり続ける 黒柳徹子の言葉

大人気テレビタレントに学ぶ、個性を伸ばす生き方

めげずに生きていく 佐藤愛子の言葉

波瀾万丈な人生を送った作家に学ぶ、前向きに生きる心構え

自由な生き方を創造する 美輪明宏の言葉

美を追求し続けた歌手が語る、人生の本質

プロフェッショナルを究める 志村けんの言葉

プロフェッショナルとしての矜持が感じられる言葉の数々

信念を貫き、粋な人生を歩め ビートたけしの言葉

多彩な才能を発揮するエンターテイナーの、胸に刺さる言葉

ありのままに、自分らしく生きる 岡本太郎の言葉

感性と情熱の芸術家に学ぶ、自分の決めた道を貫くための言葉

大局に立ち、ブレずに生きる 羽生善治の言葉

棋界を制した天才が語る、勝負の名言集